ボブ・コンクリン

Bob Conklin

人を惹きつける人間力

新しい人格を創る

柳平　彬【訳】

創元社

◎著者まえがき——日本の読者の皆様へ

インドの詩人タゴールは、一片の絹に次のように書いた。「滝によって、この丘が遙か彼方の海に接しているように、わたしは、詩によって神に触れる」と。

ちょうど丘が遙か離れた海に連なるように、アメリカ中部の小さな湖水のほとりで書かれたこの本の言葉が、日本の人々の心と魂に触れるということを知るのは、胸の踊ることである。

「人間は、だれ一人として、離れ小島ではない」という言葉は、知恵のある考えをはっきりと言い表わしている。われわれは、たった一人で生きているわけではない。われわれは、多くの人々によって創られた世界に住んでいるのである。

あなたが、今日いかに生きているかということが、どこか遠くの国のほかの人の人生に影響を与える。これはきわめてありうることである。

というのは、あなたの考えとか、行動というものは、常に人生という海の上でさざなみを立てているからである。人生は常にあなたに反応している。積極的にしろ、消極的にしろ、受動的にしろ。もし、あなたが積極的に行動し、考えることを身につけるならば、あなたが立てるさざなみ、すなわち、人々の反応というものは、積極的なものとなるであろう。そうすれば、あなたの人生は、豊かになり、成功に満ちた経験でいっぱいになる。この本は、このことが達成されるのを助けるために書かれたのである。

われわれは、すべて、言うなれば、日本の庭園のようなものである。われわれは、全くの新しさと、単純さを持って、われわれの人生を始める。しかし、愛情といつくしみによって育ち、そして変化し、成長しきったとき、美と平安を手にする。

日本の人々が、その心の庭に植え、そして、その人生の中に花咲かせようとしている考えや経験を永遠にわかつことができるのは、大きな喜びである。これらの種のたった一粒が、新しい概念として植えられ、育てられ、どれほど人間の人格を活気づけ、その可能性と能力と、さらに生活の規模というものを広げることができるか。これこそは、人生の驚くべき特徴である。

そして、私の心からの願いは、皆さんがこれからお読みになる言葉の中に、こういう種を見つけてくださることである。

ボブ・コンクリン

目次

人を惹きつける人間力

✣

新しい人格を創る

THE POWER OF
A MAGNETIC
PERSONALITY

妻のディーンへ……
そして
忍耐力を発揮し、激しい労働をし、犠牲を払うだけで、
その報いを受けることはほとんどない、
すべての妻と母親たちへ。
舞台裏に立ち、
息子や娘や夫への拍手をながめている、
すべての妻と母親たちへ。

THE POWER OF A MAGNETIC PERSONALITY
by Robert Conklin

Original English language edition published by
Parker Publishing Co., Inc.
West Nyack, New York, U.S.A
Japanese translation rights arranged with
Prentice-Hall International through Japan UNI Agency, Inc.

装幀——上野かおる

はじめに――この本によって魅力的な人間になるには

今日の社会では、どのような仕事においても、人の先に立つために次のような条件が要求される。人と折合いよくやってゆくこと、影響力を持つこと、説得力があること、効果的な話し合いができること、人を味方につけること、強い印象を与えること、などである。

経営者として成功するための最大の要素はパーソナリティ、すなわち人間性である

これはカリフォルニア大学で、国内の指導的立場にある企業四十社を研究調査した結果である。

また、年間百万ドルの売上げをほこる鉄鋼会社の社長チャールズ・シュワブ氏は言った。「花にとって、美しい香りが大切なように、われわれにとって、人間性は大切な意味を持っている」

アメリカ商工会議所発行のネーションズ・ビジネス誌によると、企業の社長になるためには、次の三つの条件が必要だと言っている。すなわち、柔軟性に富んでいること、経験か教養があること、そして人をひきつける魅力を備えていること。

人にインスピレーションを与え、影響力のある、個性的な人間のまわりには、周囲の人々が全部集まってくる。

人を惹きつける魅力を持つ人間性

どのように人に影響を与えるかによって、あなたの人間性は決まる。

人間性とひと口に言っても、それにはいろいろある。この本は、そのさまざまの人間性の中でも、非常に魅力あふれた人間性をつくるためのハンドブックである。

人を惹きつける魅力が大切なのは、欲しいと思っている、すべてのものを惹きつけることができるからであって、単に人を惹きつけ、強い印象を与えるからだけではない。

魅力ある人間になれば、多くの友人ができ、人の協力と尊敬を得、認められて、指導者になれる。まわりの人々をいっそう幸せにし、成功させることができるのである。

この本の与えるもの

この本は人間性の魅力に関する法則に基づいて作られた啓発プログラムである。

多年の研究、観察、経験の産物である。人格形成、人間関係、セールスマンシップを養うためにはどうしたらよいかを指導してきた結果である。

私は孤独で不幸で不平不満の人々の姿を、大勢教室で見てきた。みんな成功を夢み、世間から認められることを望んでいた。自分の人生が、もっとバラ色に輝くことを願っていた。そして、この人々は、私のクラスに出るうちに、唯一の障害物は、自分の人間性であることを悟った。人間性こそが、夢と現実の間に横たわる障害物だったのである。ただ生きているにすぎない人間も何百人といた。その中には、セールスパーソンも、ホワイトカラーも、主婦も、店員も、工場労働者もいたし、青年も老人も、男性も女性もいた。しかし、みんなその人間性が邪魔をしていたのである。

他方、心の中に恐れや劣等感、羞恥心を持っている人もいた。

私はこのような人々が新しい人間性を形成し、自分自身のイメージを変えてゆくのを見てきたし、かかえていた問題を解決し、解き放つのを見てきた。ほかの人が自分に示す反応が変ってゆくのを見て生まれ変ったのである。あなたもこうなれるのだ。今あなたが手にしている本と、一日数分の時間だけあればよいのである。

時間をさくことができない、などと言ってはいられない。人生そのものが、時間の積み重ねである。さあ、この時間から、もっと有効に時間を使ってほしい。

新しい人生を始めよう

さあ、次の章から始めてもらいたい。次の章は、あなたの新しい人間性を、打上げ台において秒読みをしているものである。そこには、この本の使い方が書いてある。これこそ、あなたの人生で、最も大切な一歩であることを心にとめながら、今すぐ、始めてほしい。

1 今日、新しい人生に目ざめよう

あなたは今、湖の岸に立っている。湖は広く、シーンと静まりかえっている。石ころを拾って、それを湖に投げ込んでみなさい。水がぽちゃんと音を立ててはねかえり、さざ波が湖面に立って、それがだんだんと輪を描くように広がってゆく。広がるにつれて波は小さくなり、ついに消えてしまい、湖の静けさの中に吸い込まれてゆくだろう。そして、湖は再び、もとの静けさを取り戻す。この時、もし、湖にもっと大きな波が立っていたら、あなたの投げ込んだ石は、さざ波ひとつ立てずにその大きな波にのみ込まれてしまうだろう。

パーソナリティ、すなわち人柄や人間性を変えようとする努力も、これと同じである。

あなたは、自己改善に関する本を読み、日曜日の新聞に目を通して、何か人生の良い秘訣はないものかと思案するだろう。また人間関係をうまくやってゆく方法について進んで人の話を聞いたり、有名人の講演を聞いたりするだろう。

そのうちに、自分もよりよい人間性を身につけ、ゆとりのある人生を歩みたいなどと思うようになる。今までに読んだり聞いたりして得た知識をもとに、幾つかの方法を自分でためしたことも何度かあるだろう。

けれども、そのような方法は、湖の中に投げ込んだ石と全く同じである。第一日目には、まず水がはね上がり、さざ波が立つ。しかし、やがて湖が前の静けさを取り戻したように、やっぱり、あなたのもとの人間性が戻ってきてしまうのである。あなたの個性が強く、小さい時から積み重ねられた根深い性格や習慣などがあると、一度や二度ぐらいの努力では何の効果もあげえないのである。湖の大波の中に投げ込まれた石のように、全くむだに終わってしまう場合が多い。

人間性は変えられる

では、人間性を変えるという望みは全くないのであろうか。いいや、そんなことはない。あなたが自分を変えるという目標に向かって努力をするのは、あなた自身にとって重要なことなのである。大切なのは、人間性を変える方法を、よく理解し、しっかりと自分のものにすることである。ちょっと手を休めて考えてみよう。今まで、あなたは効果的に、ダイナミックに自分を変えた人を、何人知っているだろうか。多分、ほんの数人にすぎないと思う。これには、二つの理由がある。

(一) 自分を変えることに抵抗する。

第一に、大部分の人間は、本心では、自分を変えたいとは思っていないのである。エネルギッシュで理想と信念にあふれた人間性により得られる利益は大きく、また魅力的である。力、山を抜き、気、世をおおう。こんな人は見ていても気持のよいものだ。しかし、だからといって、わざわざめんどうな努力をしてまで自分を変えたいと思う人はいない。現状に満足しているというわけである。自分を改善してゆくという新しい考えに出会うと、無意識に古い自分をかばい始めるのである。

ほとんどの人々は魅力的な新しい考え方や行動の習慣を身につけたいと思っても、古い習慣をあえて捨て去ることはしないのである。

人間の考え方や行動の習慣は、繰り返しによって、あまりにも深く根をおろしすぎている。そのために、人間は、ほんの少しの刺激を受けても思いがけない抵抗を示すのである。

ある人は、「人間なんて、なんで生きているのかわからないのさ。こんなつまらない人生なんて、あす死んだってかまやしない」などと、不平や不満を、だらだらと言う。しかし、不平を言うこと自体が、この人の人間性なのである。「もっと、やりがいのある仕事がしたい。活気に満ちた人生を送りたい」と言いながら、決して、ぬるま湯から飛び出そうとはしないのである。

「人間は、自分の置かれた状況を、より良くしたいと望むが、自分自身を、より良くしようとはしない。そのため、彼らは一生古い自分に束縛されたままでいる」とジェームズ・アレンは書いている。

人間には、習慣によって創《つく》られた性格があって、それは本性のようになっている。しかしそうした性格に抵抗する習慣もまた必ず創ることができることを知って欲しい。

(二) 自分を変える術《すべ》を知らない。

人間が自分を変えようとしない第二の理由は、実際に自分がどうすればよいのかが全くわからないからである。「自分を改善するためには、どんなことでもする気がある」という人でも、意外にこんな状態の人が多いものである。

たいていの場合、自分を変えることのできた人は偶然にその方法を発見している。自分を変えたいという強烈な願いを持ち、その方法を真剣に探し求め、探求する心があれば、自然に発見できる。だからといって、偶然にしか見つからないもの、また、秘密のものでなければならないという理由はどこにもない。

そこで、この章では、次の点を詳しく説明しよう。

1　自分を変えるのには、どうしたらよいか。

2　ほんとうに人を惹きつける魅力がある人間性をどのように養ってゆくか。

3　強靭《じん》な、活気に満ちた人間性を養い、高めてゆくにはどうしたらよいか。

あなたを変えるＴＡＦＦＹ方式

新しいあなたを創り出す方式を、ＴＡＦＦＹ（タフィー）方式と呼ぶことにしよう。ＴＡＦＦＹ方式の指示に従えば、あなたがなりたいと考えている人間にずばりなることができる。

これが、この本で使う原理なのである。ＴＡＦＦＹ方式では、あなたという人間を形成しているさまざまの要素を、どうやって根本的に変えていくことができるかについて、一つずつ順序を追って説明してゆく。

湖に投げ込まれた石とは違う。むしろ、まず小さな変化を作り出すのである。その変化を保ち続けることによって、やがて習慣となり、大きな力を持つようになり、強い風のようになるのである。このようにして新しい変化が積み重ねられて習慣となり、新しいあなたを創り出すのである。

さて、いよいよ、TAFFY方式の説明に移るが、その前にまず「全人間性」という言葉の概念を十分に理解してもらわなければならない。

「全人間性」とは

他人は、あなたという人間を、どのように見るだろう。それは、料理の味見をするようなもので、他人は、あなたという全人間性が与える印象によってあなたを判断し、あなたの全人間性に反応するのである。

すき焼の味見をして、その感想を聞かれた時、「牛肉と焼き豆腐の味はとってもおいしいけれど、ネギはどうもまずい」などという答え方はしない。「おいしい」とか「まずい」とか、全体の印象で答えるものだ。もちろん、同じ「おいしい」にもいろいろの段階がある。「まあまあ、おいしいほうだ」というのから「とってもおいしいから毎日食べてみたい」という答えまで、さまざまだろう。いずれにしても、すべて全体の印象から表現する。

あなたの人間性もこれと同様である。人格円満だが個性的でない、個性的だが人間的に欠けたところがある、というのではなく包括的に見られる。つまり、あなた全体として見られるのである。

あなたに会う人は、あなたをいろいろな部分部分から判断するのではない。あなたの全人間性から印象を受けるのである。

その結果、他人はあなたのことをこう見る。
1、あなたを好きか、きらいか、あるいは無関心か。
2、あなたのそばに居たいか、居たくないか。
3、あなたのために何かしてあげたいと思うか、思わないか。
4、あなたの存在が目ざわりか、目ざわりでないか。
シャカも人間を身分や貧富の差に関係なく、五種類に分けている。
一、その人間が居なくては困る。
二、その人間が居たほうがよい。
三、その人間が居ても居なくてもよい。
四、その人間が居てくれないほうがよい。
五、その人間が死んでしまえばよい。
あなたはこの中でどれに入るだろうか。

人間性はごまかせない

他人を変える新しい秘訣を五つ習得したから、また、朝まだ眠い時から他人を陽気にする技術を三つマスターしたからといって、人はあなたへの印象を新たにはしない。あなたは、あくまであなたの人間性全体として受けとめられる。「あの人はいつも言葉づかいが丁寧だし、にっこりとあいさつをする。だから私はあの人がとっても好きなんだ。犬をけっとばしたり、青筋を立てて怒ったり、電車の座席にすわっている年寄りの足をわざと踏んだりもしないし……」などと言ってはくれない。

あなたの人間性が不快なものであれば、細かな技巧をいくら持っていても全く無意味である。おもしろおかしく巧みにしゃべり、わざとらしくニコニコ顔で好人物に見せかけてみても、他人があなたを好きにならなければそれまでだ。中国のことわざにも「巧言令色少なし仁」などと言われている。

他人に影響力を持ち、印象を与えるのは、あなたの人間性全体から発する魅力なのである。

あなたの人間性を計ってみよう

人間性を天秤にたとえてみよう。一方の皿をプラスとし、他方をマイナスとして考えてみる。マイナスのほうが一五キロあり、プラスが五キロとすると、プラスの皿はピーンとはね上がってしまう。そこで、プラスの皿にもう五キロ加えてみても、やはりプラスの皿は上がっている。

しかし、マイナスの皿から一〇キロとって、プラスの皿に加えれば、大きな変化が起こるはずだ。ここに鍵《かぎ》があるのである。

あなたの人間性についても、これと全く同じことが言える。おおげさな言葉や、人目を惹くような会話で技巧を凝らしてみても、それだけで、他人があなたにいだく印象を変えることはできない。

けれども、あなたの思想や行動の奥深くで起こる真実の変化は、あなたの人生に画期的な結果をもたらすのである。これはちょうど天秤のマイナスの皿から一〇キロ取って、プラスの皿に加えるようなもので、あなたの人間性に大きな影響を与えるのである。

人間性の土台

ちょうど家が土台の上に建てられるように、あなたの全人間性もまた、最も内部に潜む考え方・思想・心構え・感情、そして行動という土台の上に成り立っている。

だからこそ、この本の最初の部分で、人間性の土台について話そうとしているのである。あなたの人格全体が魅力的で、力強く、他人に影響力を持つためには、この土台をまずしっかりと作り上げなくてはならない。

この本のもっと後のほうで、あなたが人生で得たいと思うものを手に入れるには、この土台の上に何を積み上げてゆけばよいかをお話しする。けれども、後で積み上げていくものは、扉や、窓や、屋根のようなものだけである。こういうものはすべて、あなたの人間性全体を魅力あふれるものにする基盤があってこそ、初めてその上に効果的に積み重ねられるのである。

TAFFY方式のメカニズム

あなたの人間性を創り上げている土台は三つある。すなわち思考、行動、感情の三つである。だから、全人間性が変わるということは、当然、この三つすべてを変えなくてはならない。あなたの全人間性とは、ちょうどデコボコ道を飛び跳ねながら、全体の形は少しもくずさずに、コロコロと転がってゆくゴムボールのようなものである。

さて、もしこのボールの三分の一を切り取って転がしてみたら、どうだろう。ガタン、ゴトンとぶつかり、なめらかには転がらないですぐに止まってしまうだろう。同じように、かりにあなたが他人にお世辞を言い始めたとしよう。そしたらすぐに、あなたは不誠実な人だと言われるにちがいない。皆は、あなたを好きになるどころか、せいぜいその不愉快なお世辞に顔をしかめて我慢するぐらいが関の山である。

では、他人の事を考えてやったり、お世辞を言ったりするのはいけないということなのだろうか。もちろん、そんなことではない。

ここで強調したいことは、ボールが丸くない、ということである。三分の一を切り取ってしまったからだ。つまり、お世辞を言ったり、他人のことを良く言ったりすることだけに熱心であってもだめなのである。ボールのような丸い人間性の中の、ほんの一部分にすぎない行動（表面的な行動）という面にだけ執着しているからいけないのである。本心からそう思ったり感じたりしていないならば、全人間性というボールはコロコロとなめらかに転がってはいかない。

このことを頭においた上で、人間性開発をシステム化したTAFFY方式を、次のようにご理解願いたい。

つまり、TAFFYとは、

T（Thoughts）考え、思想

A（Action）　行動

F（Feeling）（二倍の）感情

F

Y（You）　あなた

である。

人をひきつける、魅力ある人間性を創り上げるには、まず自分の考え、思想（T）を養わなくてはならない。この考えは正しい行動（A）を導き、自信と信念とをつちかい、あなたの感情（F）を増大させるものでなくてはならない。もっとダイナミックな新しいあなた（Y）を創り出すものでなくてはならないのである。これこそTAFFYなのだ。

あなたの浮き沈み

それでも、あなたは「私は、日によって、他人と仲よくしたい日もあるし、仲よくしたくない日もあるのに、こんなものは役に立たないのじゃないか」などと言い出すかもしれない。

その通りである。あなたがどのような人間性を持つようになっても、やはり「気分の良い日と悪い日」はあるものである。

あなたの人間性は、ちょうどヨーヨーのようなもので、上に上がったり、下に下がったりする。すなわち良くなったり、悪くなったりするのだ。

しかし、よく覚えておいて欲しいのだが、TAFFY方式を使うと、あなたはヨーヨーを持って上へ上へと階段を登ってゆく人のようになる。あなたの気分はやはり上がったり、下がったりはするが、それでも階段は登りつづけているのである。階段のてっぺんに登りついた時にヨーヨーは下がっていたとしても、階段を登り始めた時よりは、ずっと高いレベルにいる。これがあなたの進歩となるのである。人を強く惹きつける人間をめざして、はしごを登ってゆくのだ。そして、ごまかしのない人間性を自分のものにすれば、最も気分の悪い時でも、人には歪《ゆが》みのない魅力的な〝あなた〟として映るのである。

次に、このような魅力的な人間性についてあれこれ吟味する前に、TAFFY方式の各要素を一つ一つ研究してみよう。各要素の役割と目的を十分に理解していただきたい。

T（考え・思想）の重要性

「生物の外見は内部から形づくられるものである」という真理がある。

われわれの目を楽しませる美しい花も、木の大きさや葉の形も内部の構造によってその外見が決まるのである。外的要素—雨、風、光なども、もちろん生き物の外見を変えるが、しかし、内部から起こる力こそ、生物を育て、まっすぐに伸ばす力なのである。自分の力で内部から育ってゆくのが成長であって、人間はこの偉大で驚くべき事実を無視し、誤解している。あなたの外見、すなわちあなたの人間性は、外部の影響から作られるものではない。内部から、つまり、あなたによって創り出されるのである。他人があなたに対して行なう行為によって創り上げられるものではなく、あなたの自分に対する認識の程度によって創り上げられるのである。多くの人々は、この事実を顧みようとしないで、他人の反応だけをやかましく取り上げている。上を向いて口に入った水を吹き出してみなさい。みんな自分の顔にふりかかってくるだろう。自分のしたことを考えてみることだ。

他人をどう思うか

ひとつ、興味深い話をしよう。私が成人向けのクラスで、人間性ということについて話していた時のことである。第一日目のクラスが終わった夜に、生徒の一人が、他の生徒がみんな帰るのを待って、ちょっと話がしたいと、私の所にやって来た。

その人は、きちんとした服装をした魅力的な中年の女性で、髪には白髪が少しまじっていたが、それがかえって自然な美しさを強調しているようだった。

顔を見ると、何か心配事があるようだった。唇がきつくしまり、額が緊張しているようで、眼は鋭く光り、用心深そうな警戒する構えを見せていた。

「私、仕事をやめさせられたのです」と彼女はぶっきらぼうに言った。「この研修に出ることが、私のかかえている問題の解決の糸口になるといいのですけど」

「それは、あなたが持っている問題によりますね」と私は答えた。

「とても長い話ですから全部聞いていただくのは恐縮なのですが、私は今までずっと、人にきらわれ、何回も仕事を辞《や》めさせられました」

彼女の話は、だれかに聞いてもらう必要があるように思われた。私は話を続けるように言った。彼女は、夫に離婚され、いろいろな仕事を何回も辞めさせられ、人にきらわれてきたいきさつを話してくれた。

「今回、私が辞めさせられたいきさつは、私の上役がたいへん卒直に話してくれたのですが」と彼女は続けた。「上役は、私の欠点は、ただ他人とうまくやってゆけないことだと言うのです。私が人を怒らせたり、摩擦を起こしたりして、同僚の女性たちが泣きながら上役の部屋に飛び込んできた時のことを、よく説明してくれました」

ここで、彼女は少し考えるように「でも」とつけ加えた。

「やっと私は光を見たように思います。初めて自分の問題が何なのかわかったような気がします。私は子供の時、とても恥ずかしがり屋でした。学校でも一人で居るのが好きでした。結婚した時は、そんな私を夫が変えようとするのが、とても腹立たしかったのです。夫は私に、もっと近所の人ともつきあうようにと言いました。私は夫を批判し、夫の欠点を見つけてはガミガミ小言ばかり言っていました。もっと夫が私を理解すべきだと思ったのです。まったく悪循環でした。結局は私自身が夫を離れさせてしまったのですね。そして私には小さな子供だけが残されたのです。

私は自分がとてもみじめに思えました。どうしても働かなくてはと思いました。だれもがみんな私の問題をわかってくれるべきだと思い、自分は皆から甘やかされ、尊敬されるべきだと思っていました。まったく自分を殉教者のようなものに考えていたのです。どんな小さな事柄でも、他人が関連していれば私は大変気むずかしく、いらいらし、戦闘的になりました。問題が大きくなると、いつも他人のせいにしました。

けれども、今初めて、問題を作っているのは他人でないことに気がつきました。私自身が問題の原因にちがいないと思いました。他の人は幸せに結婚していますし、仕事を楽しみ、友人もたくさんいます。ですから、問題は、私が他人を見る、その見方にあるのだと思い始めたのです」

私は説明しました。「あなたはまだ気がついていないでしょうが、その『私が他人を見る、その見方にちがいない』という言葉が、あなたの人生にどんな大きな変化をもたらすか見てごらんなさい。その言葉ほど、今のあなたにとってすばらしい教えはありません」

「問題は、他人を見る見方にちがいない」

この短い文章は、あらゆる宗教の教えと、戦争の原因、産業界の諸問題、家庭内でのいさかいなど、人間に生きてゆく限りつきまとう、すべての問題に対する啓示と真実とを含んでいる。そして、あなたの幸福と不幸を決める鍵も、この言葉の中にある。

今、あなたがかかえているいろいろな問題を思い起こし、そして「ちょっと待て。不平を言う前に私の他人に対する見方が問題なのだ」と言い聞かせてみよう。

あなたのいらいら、希望、失望、落胆、喜び、退屈、そして最も気分の滅入る時を考えてみれば、それはすべて他人との関係から生じている。

今、私がお話しした婦人が発見した大きな発見というのは、自分のむら気やムードで他人を自分の好きなように操作し、変えてゆくことはできないと悟ったことである。彼女は、他人や周囲の状況を変えることはできなかった。しかし、他人に対する自分の反応を変えることはできたのである。

他人に対する反応を変える法

もう一度繰り返そう。最も大切なことだからである。あなたがいらいらしたり、じゃまに思うような人がいたら、まずそういう人たちに対するあなた自身の考え方を変えることである。他人や周囲の状況を変えようなどとは決して思ってはならない。他人に対するあなたの見方に問題があるのだ。見方を変えることによって、あなたはいらいら、失望、落胆を逆に征服できるのである。

だから他人との交際を楽しみ、仲よくし、順調に幸福な人生を歩む能力は、あなたの考え方と態度の中にある。あなたが他人をどう見るかによるのであり、あなたが「他人に対する見方」を変えれば、人生もまた変わるのである。

もしかすると、あなたは自分の外見や人間性を絵のようなものだと思ってはいなかっただろうか。形も色ももうすでに描き終え、絵は描き上がっている。だから、変えられるのは額縁だけだ、と。言葉を換えて言えば、あなたの肉体的外見はもう出来上がってしまっているから、あなたの「額縁」(服装)を変える以外には外見は変えられない、と思っていたのではないだろうか。

けれども、今あなたは新しい力——あなたを他人に印象づける方法——を得ることができたのである。あなたを他人に印象づける力とは、他人に対する「外見」を変えることなのである。あなたの外見は、絵よりもむしろ映画の画面にたとえられる。スクリーンは、映写機の中の出来事をそのまま反映する。

あなたの考えと態度がフィルムであり、心は映写機、外見がスクリーンなのである。

スクリーンには、傷もいくつかついているかもしれない。つまり、あなたの容貌は望んでいるほど美しく、素敵でないかもしれない。けれども、映写機が強い印象的な画像を写してくれさえすれば、そんな欠点は、気づかれもしないだろう。

このように、あなたの人間性の根はあなたの考え方――TAFFY方式の第一の文字（T）――の中に埋まっているのである。

あなたは考えたとおりの人間になる

この深遠なる真理は、聖書でパウロが「心を新たにすることによって、造りかえられ」（ローマ人への手紙、十二章）と書いている。この真理はパウロには明らかなことだった。

すでに四千年もの昔、この人間性と思想との関係を、ヒンズー人たちは理解していた。彼らの古い文書には、「人は自分の考えているような人間になる」と書かれている。この真理は永遠のものなのである。

このように人間は、どの時代、どの世代においても、人間の行動についての重大な啓示を、自分たち自身で発見している。人間の行動と思想との関係も同様である。有名な心理学者ウィリアム・ジェイムズは言っている。「われわれの世代の最も偉大な発見は、人間は自分の心構えを変えることによって、人生を変えることができるということだ」

種子がなければ花は育たない。おいしいケーキは料理人のすばらしい腕によって作られる。美しい家を建てたくても、青写真がなければ建てられないだろう。だから、人間性とは、あなたの考え方を土台にして形成される、あなた自身の産物なのである。「他人をどう見るか」これが土台である。

そこで、人を惹きつける魅力ある人間を創る、TAFFY方式の第一段階は「T」となる。これは思想（Thought）や考え方（Think）を表わす。

行動の意味するもの

人はあなたの行動を見て、あなたがわかるのである。行動の仕方で、あなたの人間性を判断するわけである。

そこで、TAFFY方式の第二段階は、行動（Action）のAである。

ちょっとここで、子供のころにかえってみよう。そして、クリスマスを迎えたあなたの家の居間のことを思い出そう。

部屋のすみに、はなやかに飾られたクリスマスツリーがあり、その下にプレゼントがおいてある。プレゼントはたくさんあって、大きさはいろいろである。大きいの、小さいの、赤い包装のもの、白いの、リボンを付けたもの、色とりどりのステッカーが貼ってあるのもある。あなたは、どれが自分へのプレゼントだろうかと、胸はずませて見ている。中身は何だろうと、とっても知りたくて、突ついたり、持ち上げたり、振ったり、横にしたりしている。

そして、ついに待ちに待った時が来る。自分のもらったプレゼントを開くのである。そしてやっと、中身を見ることができる。ドキドキする楽しい時である。あるプレゼントは思っていたとおりの中身で、ちょうど欲しいと思っていたものもあるだろう。あなたは中身を知った満足感でいっぱいになり、おもちゃで遊び、プレゼントを楽しむのである。

中身を見せる重要性

人間もプレゼントと同じで、最初はすべて包装されている。すなわち、性格も、能力もすべて内部に隠されている。

中身を理解し認識してもらうのには、包装を解かなくてはならない。

人々の行動は、包装を解いてゆく過程なのである。つまり、中身が何かを知るための過程である。ある人はすぐ包みを開き、またある人は、いつまでたっても絶対に開かない。とても親切で良い人なのに、どうやって自分を開いて見せたらよいのか、わからない人もたくさんいる。そうすることが自分を理解してもらうためのいちばん良い方法であることにも、気がついていないのである。

あなたも例外ではない

あなたについても同じことが言える。偉大な指導者、魅力を感じる人、献身的な心の持主、こんな人たちの思想や考え方を取り入れて、すでにあなたはりっぱな考え方を身につけているかもしれないし、人間性の土台はもう創り上げているかもしれない。しかし行動に表わさなければ、どんなりっぱな思考でも、他人には何の意味も持たない。思考の結果表われた行動によって、他人はあなたという人間を理解するのである。

もちろん、行動とは、歩き方、話し方、すわり方、話の聴き方、物の見力、服装、姿勢、表情などすべてであって、ひじょうに大切なものなのである。だからこそ、この本では、行動のシステムを用意しているのである。それは他人を惹きつける人間性をつくり、また印象的な人間をつくる。今まで話してきたような人間性の特徴は、特定の行動によってつくられている。その行動によって他人はあなたを判断するのである。

この行動のシステムを理解し、繰り返し練習してほしい。それは大きな意味を持ち、必ず成果があるはずである。

小さな行動の積み重ねがあなたをつくる

かりに、あなたがセーターを編みたいと思ったとする。ところが、一度も編んだ経験がなかったとしよう。そこで、編み物の上手な友人の所にゆき、編み方を教わる。

その友人は、何時間もかけて編み方の説明をしてくれるだろう。使う毛糸の種類と重さによって、どのサイズの編み針を使うか、編み針にどうやって目を作ってゆくのか、初めから丁寧に説明してくれる。畝《うね》模様にするのに、どのように表編みと裏編みを繰り返すのかも教えてくれる。そして背中、前、袖を別々に編んでゆくことも、それらを順に継いでゆく方法も教わった。また目をひろい、首の回りを仕上げ、セーターを型どおりに編み上げてゆく方法もみんな教わった。

こうしてあなたは、友人と同じくらいセーターの編み方を知った。そこで翌朝、あなたと友人とで、それぞれセーターを編み始めたと仮定しよう。さて、どちらが先に終わり、どちらの仕事のほうが、きれいに仕上がるだろうか。もちろん友人のほうにきまっている。あなたは、初めの編み目を二つか三つ作れれば良いほうだろう。

あなたは友人と同じくらい編み物について知っていたはずなのに、なぜこうなったのであろうか。それは、友人は、何年ものあいだ練習していて、あなたの何倍も繰り返してきていたからである。友人はすでに知識を行動に移していたのである。

人間形成には訓練が必要

人間性についても同じことが言える。魅力ある自然な人間性は、行動とその繰り返し（練習）によってのみ磨き上げられるのである。

人格形成についての本や、他人とうまくやっていく方法などという本を何冊読んでみても、書かれていることを実際に行動に移さなければ、得た知識も、あなたの真の力とはならないのである。

人格訓練法とは?

もうおわかりであろう。つまり一日中、起きている時はいつも自分自身を訓練しているのである。何もしていない時は、何もしないことを訓練しているわけである。他人に無関心なら、それは無関心でいる習慣を身につける練習をしているのである。しかし、あなたに行動のシステムがあれば、これを常に意識し新しい自分をつくろうとするだろう。そうやって自分を訓練しているのである。

ということは、意識するかしないかにかかわらず、人間性は常に訓練の産物だということである。つまり、普段の自己開発の結果が、熟した果実の香りのようにあふれ、にじみ出るのである。練習を繰り返さなくてはならない。新しい一つの行動の繰り返しを苦痛に感じるうちは、それがまだほんとうに自分のものになっていない証拠である。

ボブ・リチャードが棒高飛びでオリンピックの金メダルを二個も米国に獲得できたのは、一万時間以上にのぼる練習の賜物であり、チェロの名手パブロ・カザルスが、世界に感動の渦を巻き起こしたのも、七十歳を過ぎてからも、一日に四時間ものたゆみない練習を続けていたからである。

人間の大きさを決めるものは、練習に対する熱意だけである。

最初は砂漠に落とした一滴の水のようなものであろう。しかし行動を繰り返すことによって、あなたの能力・内部の力は大きな流れとなって、勢いよく外に流れ出すのである。

行動が感情を呼び起こす

なぜ野球場にブルペンがあるのだろうか。理由は簡単である。ピッチャーがウォーミングアップをするためである。では、なぜピッチャーはウォーミングアップをする必要があるのだろうか。これも簡単である。ピッチャーはウォーミングアップをしていないと、本番という時に、投球をする気がしないからである。

これは技術が必要な、どんな活動についても言える。「ウォーミングアップ」をしていないと、行動を起こす気がしないのである。

著名なハーバード大学の心理学者ウィリアム・ジェイムズは、同じ事実をもう少し学究的な言葉で表わしている。「感情は行動によってもたらされる」。言いかえると「ピッチャーとしての行動をしないと、ピッチャーである気がしない」「幸せそうにしないと幸せにならない」ということである。

同様に、あなたは「熱意のあるように行動しないと熱意が出てこない」、また「成功したように行動しないと、成功してやるぞ、という気にもならない」のである。

朝起きたとたんに「ああ、今すぐ働きたい」などと思う人はいない。働いているうちに「あれもしよう、これもしなければ」と働く気持になってゆくのである。ウォーミングアップが必要なのである。

そこで、TAFFY方式の第三段階は感情ということになる。「新しい自分を創り出したい」という考えを行動に移してもらいたい。そうすれば「新しい自分を創り出したい」という感情がわいてくる。この感情は初めは単なる「願い」のようなもので、それが行動を繰り返すことによって大きくふくれ上がってゆく。この大きく倍にもふくれ上がる感情を強調するためにFを重複させたのである。

感情というもの――その重要性

行動が感情を生む、これが人生で成功する秘訣である。事実、人生についての追求心、探求心は、本質的に「感情」に支配されているのである。

欲望や期待なども、みなすべて感情によって裏づけられている。人間はみな、成功、友情、幸福、安全、平和、愛、認識を自分の中に求めるが、それは結局、感情的なものなのである。けれども、ほとんどの人は、自分が求めるものが何であるかを理解していないために手中に収めることができない。感情が行動によってわいてくることに気づいていないのである。

前の章であげたいろいろな感情を、もう一度見てみよう。すべて行動によって生み出されることがわかるだろう。ある行動は、ある感情の象徴である。

悪い感情と良い感情

しかしこの規則は、熱意を燃え上がらせるような良い感情についてだけ当てはまるものではない。

いやな悪い感情にも同じように当てはまるのである。元気のない行動をすると、がっかりして気分も滅入る。二歩も三歩も人に遅れて行動すると、ほんとうに劣っているような気持になる。だらだらと怠けていると、ほんとうに怠け心が起きてくる。

一口にまとめてみると、「良い考えと良い行動が良い感情を生み、悪い考えと悪い行動が悪い感情を生む」と言えるだろう。もっと簡単に言うなら、「人は自分の蒔《ま》いたものを、自分で刈り取ることになる」（ガラテア人への手紙六〇七）となるのである。

なぜあなた自身が大切なのか

今まで考え、行動、感情というつながりの要素について説明してきた。このシステムは、新しいあなたを創るのに、今すぐほんとうに役立つものである。あなたの人生には、きっとすばらしく変化が起こるにちがいない。それだけの深さを備えているると断言できる。幸福や成功などを人生の目標として行動を起こす。その行動が感情を大きく倍加し、そのための思考様式を創り出してゆくのである。

ちょっとつけ加えさせてもらおう。自分を変えるということは、全く別の人間になることではない。あなたの持っているすべての良いもの、すばらしいものを強調してゆけばよいのである。あなたは他の人間になるのではなく、あなた自身が大切なのである。一人の全き人間、最上の人間が目標であることを忘れてはならない。

「あなたのこんなところが好きだ」と人に言われたことがあるであろう。それを意識して伸ばさなければならない。魅力的な人間性を創り出す要素は、自分の中にある。この心の持ち方が重要なのである。他人にきらわれるような望ましくない傾向は、思い切って捨ててゆくようにすべきである。

その結果は、あなたの人生はずっとすばらしいものになり、ずっと魅力的なあなたを創り出せるのである。

グループ・ディスカッションのための質問

○あなたはいつも自分をどのような人間だと思っていますか。
○あなたは自分をどのようなパーソナリティ、すなわちどんな個性や人柄、人格の持ち主と思っていますか。
○あなたは普段どんなことを言ったりしたりしていますか。
○あなたは普段どんな気持ちで仕事をしたり生活していますか。
○あなたの気持ちが消極的になる時はどんな状況や場合ですか。それはなぜですか。
○あなたの気持ちが積極的になる時はどんな状況や場合ですか。それはなぜですか。
○あなたはどんな点で魅力があると思いますか。

2 すべてを変える魔法の力〝熱意〟

かつてメージャー・リーグで、ロスアンゼルス・ドジャーズのウイルズ遊撃手は、盗塁の新記録を作った。実に百四盗塁という記録である。

他の選手の盗塁は、この記録の十分の一にも及ばなかった。たとえばミネソタ・ツウィンズでの最高盗塁者のグリーン選手でさえ八盗塁で、ウィルズ選手のわずか十三分の一にしかあたらない。

では、ウィルズ選手とグリーン選手とは、足の速さに十三倍も差があるということだろうか。そんなことはない。二人の間の差はほんのわずかで、見分けられないくらいなのである。それなのに成績として現われた結果を見ると、月とすっぽんほどの違いがあるのである。

人間性についても全く同じことが言える。人と人との人間性の差は、取るに足らないくらい小さなものだが、それが結果を見ると、差が実に大きくなっている。

人間性に針の先ほどの差があるだけで、長い人生の間には大きな差ができてくる。収入に何千万円もの差が生まれ、友だちに好かれるか、きらわれて孤独になるかが決まり、成功するか失敗に終わるかの決定的な差が生まれてしまう。

この差は多くの場合、これから私が話そうとする、あるたった一つのことによって生まれるのである。それは長い間にわたって、あなたの人間性を創り上げてきた全部のものに影響してくる。その差は何ものにも換えがたい、不思議なエネルギーを生み出すのである。

それは、あなたのすべての人間性を豊かにして、生命を与え、フルに働かせる力を持っているのである。

これが——熱意——という魔法の力なのである。

熱意は新しい人生を約束する

私は幸運なことに、就職してすぐに熱意の魔力について知るチャンスに恵まれた。

そのころ、私はセールスの仕事を始めたばかりであった。仲間のセールスパーソンの一人に、ジョー・ウィリアムズという男がいた。彼は四十七歳、中学校に通う子供二人と高校生の子供一人がいた。持っている車といえば七年前の古いもので、いつも借金をかかえ、心配顔の無気力な男だった。

ジョーは毎朝、肩を落とし、足を引きずるようにして事務所に入ってきた。「また失敗するんじゃないか」と思い込んでいる様子だった。それまでに彼がかせいだ最高額は一ヵ月に五百ドルだった。もちろんこれは、それほど悪い成績ではない。彼には、どうにもならないという欠点は一つもなかった。人のいい、まったく善良な人間だったのだが、しかし偉大な人間ではなかったのである。ゆるみかけた時計のゼンマイのような日々を送っているだけだった。

ところが、ある夜、われわれセールスパーソンがそろって州の大会に行った時のことである。会場はアメリカ産業界で実績をあげた二人のトップセールスパーソンの話を聴くために詰めかけた何百人ものセールスパーソンで、ぎっしり埋まっていた。

講演者の一人が〝熱意〟について話をした。彼が話したことは、ただ熱意のことだけだった。熱意が人間に及ぼす効果とその重要性、そしてどうしたら熱意を持てるかという話であった。私がジョーの方をちょっと見ると、彼は話にとりつかれてしまったように見えた。息をつめ、身動きひとつしないで話に聴き入っていた。針で少しぐらい突っついても、ぜんぜん感じなかっただろう。

帰り道でのジョーは、ずっと熱意のことばかり話していた。そして、それからのジョーは、ほかの人と違ってきた。この新しい知識をすぐ行動に移したのである。

翌朝事務所に入ってきたジョーは全く別人のようだった。言うこともすることも、以前には見られない熱意がこもっていた。初めのうちは、少しぎこちなく、とても不自然なことをしているように見えた。けれども二、三日たつと、あの無気力で沈み込んでいたジョーは、すでに過去の人間なのだと、みんな信じるようになった。

しかし、私にとって忘れることのできないのは、ジョーの熱意が生み出した結果である。翌月、彼は千八百ドル以上のセールスコミッションを得たのである。これは彼が過去四十七年間に得たコミッションの最高額より三倍半も多いものだった。熱意が彼を人生という大地に、生き生きと根をはらせたのである。

ジョーはその後も成功を続けた。成長し、さらに熱意をもって仕事と取り組んだ。この時から、ほんとうにジョーが生き始めたのである。この奇跡は彼の人生を全く変えてしまい、家族の人生をも一変させた。

ジョーは著名なイギリスの歴史家アーノルド・トインビーの言葉「無気力を克服できるのは熱意のみである」の生きた実例である。

熱心が偉大さを実らせる

ラルフ・ワルドー・エマーソンは「偉大なことで熱意の力なしで成し遂げられたものは一つもない」と言っている。

熱意とは、明りをともす発電機のようなもので、人間を動かし、偉大な業績へと導くものである。眠っているエネルギー、才能、活力をゆり起こし、目標に向かって突進させる力であり、内からあふれ出る力である。

人生で熱意を動力源として使う秘訣、それはまず熱意のあるように行動することである。熱意を習慣化してしまい、あなたの人間性を織り上げる縦糸と横糸にするのである。

驀《ばく》進する蒸気機関車が、あのエネルギーを出すためには、車庫の中で休んでいる時でも釜が冷えないようにせっせと石炭を燃やし続けなければならない。エドワード・B・バトラーは指摘している。「だれでも、時には熱心になるものである。ある人は熱意を持つのがたった三十分間であり、ある人は三十日間である。しかし、人生で成功するのは三十年間の熱意を持ち続ける人間である」

考えの貯水池を作ろう

あなたの車のアクセルを踏み込んでみなさい。すぐに力がついて高速道路をすべり出すだろう。熱意も同じである。

熱意は動力である。

あなたの考えはアクセルである。

あなたの心はガソリンタンクである。

アクセルを踏む前にガソリンタンクを一杯にして、それからアクセルを踏もう。そうすると、熱意があなたを駆り立てるのがはっきりと感じられるであろう。

あなたは今、活気に満ちたファイトあふれる人を、うらやましく思っているかもしれない。そして「あの人は生まれつき頭がよく、自分とはちがうんだ」とあきらめているかもしれない。だが、あきらめる必要は決してない。どんなに良い気候に恵まれても、肥料を与えなければ麦は育たない。同じように、人間性も肥料がなければ作られない。内部で形づくられるものが、外に表われるものだ。だから、まずガソリンを満たし、そしてアクセルを踏むようにしよう。

あなたが熱意を持って行動するために、このエネルギー源を蓄えてもらいたい。

アクセルとなる考え　では、アクセルとはどんな考えだろうか。いくつかの例をあげてみよう。

私の知っているセールスパーソンは、仕事に出かける前に、ゆっくりと、こう言い聞かせている。

「私が会いたいと思う人に会えることは非常に嬉しいことだ。彼は私の商品を絶対に必要としている。

私はこれから、彼が商品に投資できるように、最大の努力をしよう」

また、あるエレベーター・ボーイは毎朝こう言っている。「今日は、私の生涯で最良の日だ。今日という日は、私にとって初めての日なのだ」

社会学を教えているある大学教授は、授業の前に、目を閉じてこう考えることにしている。「私は、この与えられた時間に、私の教えられる最高のものを学生に与えよう。これからの二、三分間に、彼らは人生を左右するようなことを学ぶかもしれないのだ」と。

また、世界でも偉大なコントラルト歌手のマダム・シューマン・ハインクは、歌う前に必ず目を閉じて自分自身に言い聞かせていた。「私は聴衆を愛している。ここにいる一人一人が、みんな大切な人たちなのだ。私はこの人たちに自分の最高の歌を聴かせよう」

これらは、祈りの強力な効果を物語っている。頭をたれ、自分で自分自身に宣言することによって、一層強い力と導きを得、前よりも一層強く、活気に満ちた自分を創り出してゆくのだ。

アクセルを踏むとき

いつでもアクセルを踏めるようにしておこう。車の総点検をするように、あなたの一日のうち、どこが弱点となっているかをチェックしなさい。たとえば、朝、最初に何が起きるかを考えてみよう。

朝起きたばかりの時、まだ眠気が残っており、窓の外は曇って、灰色におおわれているかもしれない。その日にしなくてはならないことや、問題となることが頭に浮かぶ。この時があなたの一日を決定する瞬間である。ある主婦はこう言う。「家事が山ほどある時、朝起きると、まずその日にしなくてはならない面倒な仕事のことを考えてしまいます。すると二、三分で頭痛がしてくるのです」

だから、いやな事を考え始める前に、ちょっと頭を切り替えなさい。そして次のように考えて、アクセルを踏みなさい。

「一生懸命、熱意をもって、今日という日を生きよう。新しい生命《いのち》があり、なすべき仕事があって、いろいろな人と知り合えるのは、なんと幸せなことだろう」

アーノルド・ベネットは、こう書いている。「朝起きたら、財布をあけてごらんなさい。財布には、不思議にも二十四時間という時間が一杯つまっています。これは、あなたの持っているもののうちで最も高価なものです」

アクセルをもう一度踏む時

何か面倒な仕事をかたづけなければならない時、こう言ってみなさい。「私の知っている最も良い方法でやってみよう。大切な仕事だから、今やらなければならないのだ。精魂こめてやろう」

山ほどある問題を処理してゆかなければならない時、感情のアクセルを踏むのによい言葉をお教えしよう。この言葉の由来にはたくさんの物語や伝説が残っている。その一つを申し上げよう。ある古代の王国で、その国の賢人たちが国王に送った言葉である。たとえどんな困難な問題や状況にぶつかっても、常に勇気と知恵をもって対処できるようにと送ったのである。

それは、

「これもいずれは、過ぎ去ってゆくのだ」

という言葉である。

どんな障害物でも、問題でも、すべて変化していく。あらゆるものが変化してゆくのだということを知ることは心強い。すべてが過ぎ去ってゆく。過ぎ去っていくことによって、新たな活力と希望と輝きを得るのである。

このような考えは、そのまま感情に影響を与える。重要なのは、この点である。アクセルを踏む時に考える事柄が、あなたの行動や感情に催眠術のような効果を及ぼす。積極的で肯定的な考えの貯水池を自分で創り始めると、それが熱意のエネルギー源となる。やる気がなくなったり、熱意が薄れてしまった時には、アクセルを踏んでみなさい。熱意の力がわき上がってくるのを感じるはずである。あなたは自分の考えや自分の話す言葉の力で、自分自身を動かしていくことができるのだ。

ガソリンにエチルを入れよう

エチルは、エンジンのノッキングを予防するためにガソリンに入れる添加物である。

熱意がノッキングを起こさないように、あなたにもエチルが必要である。大きなショックにも耐えられるためにエチルが必要なのだ。

エチルとは、興味と関心のことである。

「興味を持たれる人というのは、何事にも興味を示す」と昔からことわざに言われているが、これは名言である。

熱意のある魅力的な人間になるためには、興味のバルブを回すことだ。なぜなら、興味を土台にして熱意が生まれ、興味のあるものには、一層積極的になるからである。

あなたがセールスパーソンなら、商品を売ることに、あなたが秘書なら、自分の会社と仕事に熱意を示しなさい。もし心の暖かい魅力的な人になりたいなら、他人のことに真剣な興味を持つことである。

興味こそ熱意の源

人間が何かに熱中するためには、興味が必要である。

興味は熱意のためのエチルである。

興味を起こそうと思うなら、次の三つの心理的な手段を用いてみなさい。——好奇心を持つこと、集中力を養うこと、自分の利益を考えること。

一、好奇心を持つこと

次にあげた事柄から、興味を覚えるものを五つ選びなさい。

ロシア料理　　ゴルフ
中国語　　英会話
ボーリング　　カレーライス
西郷隆盛　　週刊誌

相対性理論　　　スイス
野球　　　　　仏教
北海道　　　　鈴木さん

さて、五つ選んだら、もう一度リストを見て、今度はあなたが最もよく知っているものを五つ選びなさい。

二つのリストは、ほとんど一致しているかどうか。もし一致しているなら、あなたも大部分の人と同じである。つまり、自分がよく知っている事柄には、たいへん興味を示すということになる。

このままでは、今後も、すでに知っている事にだけ興味を持ち続けることになってしまう。何か手をうって変えようとしない限り、その状態は続くだろう。知識を広げ、関心を広め、熱意に火をつけることに挑戦しなさい。知らないことにも好奇心を起こしなさい。なるべくたくさんの事に関心を持つこと。人、物、場所、考え、出来事などに親しみと好奇心を寄せなさい。そうすれば興味は広がってゆくだろう。

好奇心は興味を創り出す大工のひとりである。歴史に残る偉大な発明、発見は、みな強烈な好奇心の持主によってなされてきた。いろいろな事に興味を持っている人が、熱意とファイトに燃えた人であるのは、決して偶然ではない。

二、集中力を養うこと

次のゲームをしてみよう。これから一週間、毎日五分間、あなたの家の窓から外を見て、今まで気がつかなかったものを数えるのだ。

次に家族みんなで、楽しいゲームをしよう。窓から見なれている景色について――たとえば色、大きさ、配置、何か目立つもの、家並み、木の数など――いろいろ質問してみなさい。そして家族がどのくらい物を見、覚えているかためしてみなさい。しっかりと記憶していることは、驚くほど少ないのに気がつくだろう。

また、何人かの友人に、好きなテレビ番組を五つ言ってもらいなさい。それから、その番組のスポンサーの製品名と会社名とを聞いてみなさい。五つのうち、二つも当たればいいほうである。人々は、ものを集中して観察することを忘れている。心が集中しないで、あっちこっちに気を取られ、それが習慣になっている。

心が集中しないのに、会話や人やその他いろいろなことに興味を持つことなどできるはずがない。わたしの知っている音楽家で、人の話し声や物音のとてもうるさい部屋でも、平気で作曲の仕事のできる人がいたが、このような人は集中力が非常に発達しているのである。自分の目的以外のものはすべて遮断し、忘れることができる。それほど集中力が発達しているのである。

海辺に打ち上げられた魚がピチピチとあちこち飛び跳ねているように、いろいろな事に気を取られないこと。まわりの物音や会話などに気を散らさないで、目的とするものに集中すること――強く集中すること、このことを練習しなさい。

日ごろ物を見たり、聞いたりする時に集中力を働かせることが、興味を生み出すのである。

三、自分の利益を考えること

「どっちだっていいじゃないか」という言い方をよく耳にするが、これは無関心を表わす言葉である。「自分には何の影響もないから、関心なんかない」ということになる。

「これが自分にどんな利益を与えるか」ということがわからなくては、興味も起こってはこない。テレビ、新聞、雑誌、それに会社のセミナーなどから得る知識が、いつか必ずためになるのだと信じることである。同時に、その知識が将来自分の利益に結びつくのだと見通す力を持つことである。

あなたは、人の名前をすぐ覚えられるだろうか。他人の名前を覚えるのはむずかしいことかもしれない。しかし、もし初対面の人から「一週間後でも、私の名前を覚えていたら、百万円あげましょう」と言われたら、どうだろう。

それでも、この人の名前を覚えることは大変なことだろうか。そんなことは考えられない。なぜか。それは、この人に興味を持ち続けることが、直接あなたの利益になるからである。

興味の対象とは、こういうことなのである。興味を持つことが、最終的には得であること、これを信じる知恵と洞察力を養うこと、この二つが必要である。

ガソリンの中の砂を取り除こう

ガソリンの中に砂がはいっていると、モーターを破損し、アクセルもきかず、燃料としての力もなくなってしまう。

熱意を創り出す過程では、単にアクセルとなるような積極的な考え方や強い興味を持つだけでは不十分である。あなたにとってプラスの要因を養うだけでなく、マイナスの要因も取り除いてゆかなければならない。つまり、ギイギイいう音の原因となったり、エンジンを破損させるガソリンの中の砂を取り除かなくてはならない。砂には次のような種類の違った粒子がある。――一、自分への憐れみ。二、批判。三、不平。これらは、うっかりすると、すぐ人間の心の中に根をおろしてしまう。

「自分への憐れみ」の砂を捨てよう　私は、ときどき「今、人間関係でどんな問題を持っているか」ということを生徒に書かせることがある。

その問題を、私の肩越しにちょっとのぞいてみよう。何百もの問題の中から、幾つか典型的なものをお見せしよう。

ある男性はこう書いている。「私の妻の母親は未亡人です。一人住いの彼女は、しょっちゅう私たちの所にやって来ます。電話一本かけずに、あまりちょいちょい来るので、妻と二人ゆっくりできる時間など全くありません。妻は一言もこのことを母親に話そうとしません。だから、私は妻を腹立たしく思っています」

またオフィス勤めの若いタイピストはこんな不平を言っている。「私たちのタイピストルームに、いつもぺちゃぺちゃおしゃべりばっかりして、おまけに始終電話をして、とっても長話の子がいます。そんな調子だから、ほかの子と比べると、少しも仕事などしていません。それなのに、上役は毎朝、彼女のやらなかった仕事を私たちにやらせるのです。こんな不公平な話はありません」

ある主婦はこう書いた。「私の夫は、夜、私に向かって全然話をしてくれません。何か食べるか、テレビを見ているだけです。ですから、私がひとりでしゃべることになります。夫は私が一日中、話す相手もなく、さびしく過ごしているのを、全然わかってくれません」

小売店の売子は「お客はみんな、私たちをまるで、虫けらのように扱う。とっても失礼です」と悲しんでいる。

また、あるセールスパーソンはこう言っている。「お客が部屋から顔も出さずに、会えないと断わるのには頭にきます。何時間も車を運転して会いにきているのに、秘書が出てきて、今忙しいと言うだけなのですから」

郊外に住む婦人は言う。「私は隣りの奥さんを一番の親友だと思っています。それなのに、いつも私をけなすようなことを平気で言います。今朝もコーヒーに呼んでくれたのですが、最近太りだしたみたいだなんて言うのです」

自分への憐れみは熱意の敵　みんなどれもこれも、よく似ているのがおわかりだと思う。みんな自分に対する憐れみという嘆かわしい重荷を背負っているのである。確かにこの人たちは、不当に扱われているかもしれない。こういう感情をいだくのは全く正しいことかもしれない。しかし自分をいくら憐れんでもだれも心から同情などしてはくれないのである。ファイトが出てくるわけでもない。この人たちのような心構えでいて、熱意が湧き上がってくるなんて考えられるだろうか。悪い考えは悪い結果を生み、良い考えは良い結果を生むということを、もう一度思い起こさなければならない。こんな憐れみは、決して望ましいものではない。憐れみは他のどんなものよりも、あなたから熱意を奪い取ってしまうのである。

「不平」の砂を捨てよう　あなたの苦情を全部書き出してみなさい。一年間ずっと続けてみるのも、おもしろいだろう。きっと、うんざりするようなリストになるにちがいない。これを全部「困った問題」

という名前の屑籠《くずかご》に投げ込んでみなさい。

さて、ここで、もう一度この屑籠の中身をゆっくりと観察してみよう。ある一つの重大な事に気づくはずである。リストの中で問題となっているのは、親友に関係することばかりであることに気づくだろう。もしこのリストに書かれたような問題を、全部捨て去ってみたなら、それはとりもなおさず、あなたの人間としての価値も捨て去ってしまうことになりかねない。

言い換えると、子供たちが言うことを聞かない時こそ、母親のあなたが必要になる。仕事がうまくいかない時こそ、あなたが自分で解決しなければならない。友人や家族も、自分たちに元気がない時にこそ、あなたが元気づけてくれるのを待っている。言うことを聞かない子供や、うまくゆかない仕事など、不平不満の種となっているものが、あなたを、価値ある人間とするのである。器が大きければ、大きいほど、さまざまな問題を処理して、その器に盛ることができる。

不平を言いたくなった時こそ、熱意が必要になる。ファイトを持って問題にぶつかりなさい。問題が起こったら、これこそが人間性確立への絶好のチャンスだと思いなさい。

ジェネラル・モーターズの鬼才チャールズ・ケタリングは、堂々と挑戦している。「私の所へは困った問題だけを持ってきなさい。良いニュースは私を弱々しくしてしまう」

不平、不満でぐしょぐしょにぬれた毛布を、熱意の上にかぶせるような馬鹿なまねはしてはならない。

不平の砂がモーターにはいる前に捨ててしまいなさい。

「批判」の砂も取り除こう　大人が何人か集まっている所で、こんな質問をしてみるのも、おもしろいものである。

「あなたは、男性と女性と、どちらが運転が上手だと思いますか」とか、「共和党と民主党と、どちらが国民のためには良い政党だと思いますか」とか、こんな質問をすると、すぐに二つのグループに分かれ、わずかの間に、熱のこもった討論が始まる。

私は、こういう時は、いつもそのまま十五分くらい討論を続けさせ、そしてまた質問をしてみることにしている。

「皆さんの中で、討論が始まってから、相手から何か学んだり、意見を変えた人はいますか」と。今まで何百人もの人に、こうした実験をしてきたが、この質問に「はい」と答えた人は、一人もいなかったのである。

これは何を物語っているのだろうか。多くの人は「そんなことはない」と言うかもしれないが、しかし、けっきょく人間は自分を変えたくないし、変わりたくもないと思っているのである。自分の信念や印象を変えてしまうような知識は、無意識に拒絶しているのである。

自分と全く反対の考え、意見、見解などに出合うと、人はどんな反応を示すだろうか。十六世紀のフランスのモラリストであり文筆家でもあるラ・ロシュフコーは、こんな気持を実にうまく表現した。

「われわれは、自分と異なる意見を持っている人を賢明であると思うことは、めったにない」

他人の行動、信念、感情などを批判することは慎もう。なぜなら、批判はトゲとなり熱意を殺すからである。批判という酸で、熱意を溶かしてしまうからである。

このように、自分への憐れみ、不平、批判という始末の悪い砂を捨て去ることが、強力な熱意を創り出すための第三段階である。大きな障害の芽は、小さいうちに摘み取ることである。三種類の砂を取り去って、エンジンが破損しないように心掛けなさい。

熱意ある行動の実現

動物園に行った時、動物園中に「動物に餌をやらないで下さい」という表示が出ているのを見たことがあるだろう。どうして、こんな標示が必要なのであろうか。なぜ、みんながピーナツやポプコーンやせんべいなどを与えたがるのだろうか。動物がお腹をすかしているとでも思っているからだろうか。もちろん、そうではない。

みんなが餌をやる理由は簡単である。動物が動くのを見たいから、餌を投げてやるのだ。ライオンもキリンも猿も、動いている時のほうが、ずっとおもしろいからである。

見なれている街の風景を、もう一度よく見てみなさい。広告業者は、人の注意を惹くには、動くということが強力な武器となることをよく知っている。薬屋の前の首の動く人形、秋空に揺れるアドバルーン、駅前広場でタバコをふかしている男の広告まで、みんなおもしろく動くように工夫され、人目を惹くように作られている。広告業者は、そのために何千万円もの金を、惜しみなく使っているのである。

俳優や芝居の役者も、見物人を魅了する動作の研究に、何時間も何時間もアニメーションを練習するのである。

動きをもって、生き生きと　動物や広告業者や芝居から、きっと何かを得たはずである。動くことによって、ずっと魅力的なおもしろい人間になれるのである。

動くことによって、初めてあなたの力、考え、そして熱意を人に伝えることができる。動かずにじっとすわっているだけで、燃える熱意とファイトの固まりであるなどと言っても、だれも信じてくれはしない。内部に熱意がふつふつとみなぎっているのなら、それを行動に表現しなさい。目に見えない熱意というものに意味を持たせるには、形に表わして外に知らせなければならない。棚にだるまが幾つ並んでいても恐くはない。眠れる獅子も、目をさまして動き出してこそ、威力を発揮する。

あなたが全く動きのない人間だとしたら、「あいつは、全くファイトのない、おもしろくないやつだ」とみんなが信じてしまう。そして話しかけることさえしなくなる。ちょうど動物園の動物の場合と同じで、「つまらない」と、みんな前を素通りしてしまうだろう。

わたしが親友のドン・シーハンから、人間の動きとその反応について聞かされた時は、たいへんびっくりした。ある日、昼食を共にした時、彼は学生の評価のために使うアンケートの話をしてくれた。この調査では、まず学生たちに五人の名前――友人でも先生でも雇人でもよい――を提出させた。それから学校側は、学生の提出した五人の人にアンケート用紙を内密で発送した。このアンケートには学生の性格や人間性をテストする二十二項目の質問があり、この五人が答えを書いて、学校に無記名で送り返すという方法で行なわれた。

ドンは、こういうアンケートを何万と分析した結果を話してくれた。まず学生の五〇％以上が、非常に〝動き〟の少ない人間であると評価され、そして、これら動きの少ない学生は、勇気とか友情とか熱意とかいった魅力的な人間性を形づくる諸要素にも、低い評価しか与えられていなかったのである。これは非常におもしろい結果であり、驚くべき事実である。動いて生き生きとしていなければ「あいつは気持のいい、愉快なやつだ。それにファイトもある」などと注目してもらえないのである。

そんなことは嘘だ、結論を急ぎすぎている、そんな仮説は立てるべきでない、と反論する人もいるかもしれない。しかし、これが現実なのである。他人の考えを変えようなどと馬鹿げた努力をするのはやめよう。

それよりも自分自身を変えようではないか。

もっとダイナミックに動こう。生き生きと動いて、会う人ごとに熱意と親しみを伝えなさい。

そんな動きを身につけるために、次のことを提案したいと思う。

一、椅子にすわったままでのジェスチャー遊び

ジェスチャー遊びというのをご存じだろう。歌の題や言葉を身ぶり手ぶりでやって見せて、他の人が当てるゲームである。私は肘かけ椅子でのジェスチャー遊びを提案する。三十日間続けてみなさい。生き生きと動きのある人に生まれ変わること請合いである。

どこの家庭でも、夕食後の一時間、お互いに「今日一日はどうだった」と、みんなで話し合うものである。

その時、口で話す代りに、椅子にすわったままで、手を使って説明してみなさい。そして友だちや家族に、何を説明しているのか当ててもらいなさい。一週間か二週間これを続ければ、手で物を描写するのが必ず上手になる。

日常の会話にも、以前よりずっと動きが出てくる。手や腕の動きを使って、強調したいことや具体的に描写したいことをスムーズに表現できるようになるし、考えや意見をより正しく、明確に伝えることもできるようになる。

二、「鏡よ鏡、教えておくれ、世界で一番熱意のあるのはだれ?」

これから一週間、鏡を見ながら、次の中の一つをジェスチャーでやってみなさい。

1 福引で世界一周の〝くじ〟を当てたことを、家族に知らせるジェスチャー。
2 今日から昇給したことを、上役に感謝するジェスチャー。
3 ジェットコースターに乗った印象を友人に話すジェスチャー。
4 フットボールや野球の試合で、好きなチームを応援するジェスチャー。
5 三億円の遺産を相続したので、その使い道を友人に説明するジェスチャー。
6 クリスマス・プレゼントをあけている子供の表情をまねるジェスチャー。
7 世界中で一番ファイトのある顔であるということで、賞金一千万円をもらって喜ぶジェスチャー。

さて、右のジェスチャーを、日常生活に遠慮なく取り入れなさい。はっきりとした明るい表情の中に熱意を輝かせよう。磨かれた個性が生まれるだろう。

毎朝、鏡を見て「鏡よ鏡、教えておくれ。世界で一番熱意のあるのはだれ?」と訊いてみなさい。そして鏡が「それは、あなたです」と即座に答えたとしたら、すばらしいことではないか。こうなると、たとえ通りすがりの人にも、瞬間的に熱意を伝えることができる。大勢の中でも一人輝く印象を与えるようになる。

まとめ

ファイトのある人間になるために、次の事を行動に移しなさい。

【規則1】 アクセルを踏むこと ——積極的、肯定的な考えを持つこと。

強固な前向きの考えを持って、アクセルを踏むこと。あなたを元気づける言葉を、常にあなたに語りかけること。朝起きて最初にすることから、夜寝るまで、ずっと熱意を持てるよう訓練すること。たとえ一分間でも熱意を持って仕事をすることができたら、その感覚を大切にしよう。そして一日、一ヵ月、一年とその熱意を持ち続ける練習をすることである。

【規則2】 ガソリンにエチルを入れること ——興味、関心を持つこと。

熱意を出させるためのエチルは、興味を持つことである。物にも、人にも、場所にも、強い関心を示すようにしよう。興味を持つには次のことが必要である。

A **好奇心を持つこと。**

ある事柄を知れば知るほど、興味はわいてくる。好奇心は物を知るための第一歩である。物好きな人だと笑われるのを気にしないこと。

B **集中すること。**

集中しないで興味を持てることなどありえない。集中力を養いなさい。自分の選んだものに、焦点を絞りなさい。集中力を養って興味を持つようにしなさい。エネルギーを一つの方向に押し出すのである。

C　自分の利益を考えること。

自分の得になるものには、無意識に関心を持つものである。だから、仕事、人間、家族、その他の事に興味を持つことが、あなたの大きな利益になるということを理解しなさい。

【規則3】　ガソリンの中から砂を捨てること。――消極的・否定的考えを捨てること。

(1)自分への憐れみ、(2)不平、(3)批判等、モーターを破損する砂を早く捨て去ること。否定的な考えがある限り、積極的な考えも熱意を燃え立たせることはできない。

【規則4】　動きを持って生き生きとすること。

興奮や熱意を他人に伝えられるまで、家族や鏡の前で、動きの練習をしなさい。人間性は活気に満ちて、迫力を増してくるだろう。

熱意を持つことによって、あなたは多くの報酬を得ることができる。考えが熱意に満ち、行動もファイトにあふれれば、感情的にも熱意は倍加される。生きるためのエネルギーが、ずっと燃え上がるのである。気分もずっと爽快になり、健康的になり、いつも〝好調〟になる。

そして新しいあなた、まさに〝あなた自身〟に生まれ変わるのである。

グループ・ディスカッションのための質問

○あなたが興味を持っていることは何ですか。
○あなたが、これから興味を持ってみようと思うことにはどんなことがありますか。
○あなたの好奇心のレベルは高い方ですか、低い方ですか。
○あなたが今まで集中できたことにはどんなことがありましたか。
○あなたはこれから一週間、毎日五分間、あなたの家の窓から外を見て、今まで気づかなかったものを数えるゲームを言われてできますか。
○あなたの不平、不満、苦情にはどのようなものがありますか。ぜんぶ書き出してください。
○あなたはなぜそうした不平、不満を持つのですか。
○あなたが今まで熱意を込めて行なったことにどんなものがありますか。これからはどうですか。
○あなたがこれから一週間、鏡を見ながら熱意を表現するとしたら、どんなジェスチャーや表情をしてみたいと思いますか。

3　和を保つ三つのステップ

人生のあらゆる面で、あなたが成功するための言葉をお教えしよう。人間関係、セールス、ビジネス、家庭生活などで、成功するための言葉――他のどんな長い言葉よりも役立つ言葉である。

この言葉は、魔法の言葉なのである。忠実にそのとおり行動しさえすれば、あなたはきわ立ち、人から認められるようになる。

人生の門出をする若い世代に忠告を与えなければならない時があるだろう。その時はこの言葉を教えてあげなさい。そして青年たちの成功を祈り、人よりもひいでるように励ましてあげなさい。

ステップ1　魔法の言葉

その言葉とは、次のひと言である。

「その心配事は、私にお任せください」

安心感を与える響きのよい、新鮮な言葉である。

私が初めてこの言葉を耳にしたのは、第二次世界大戦の直後であった。一人の不動産のセールスパーソンから聞いたのである。ある人がこのセールスパーソンの所に電話をかけてきて、非常にめんどうな不動産問題をかかえているが、どこへ行けば解決してくれるだろうか、と問い合わせてきた。その時このセールスパーソンは、すぐに答えたという。「その心配事は私にお任せください。幾つか心当りに電話をして、あなたに必要な情報を調査してみましょう。わかったら、すぐ電話を差し上げましょう」

こうして、簡単にこの人の重荷を取り除いてやったのである。このセールスパーソンは、後に何億円もの仕事を幾つもするようになった。

あなたはガーシアにメッセージを運んだ男の話をご存じだろうか。米西戦争が勃発した時のことである。マッキンレー大統領は、暴徒の指揮者ガーシアと、どうしても連絡をとる必要が生じた。しかしガーシアの居所については、キューバの山中深く、どこかに居るということ以外、だれも知らなかった。

「このメッセージをガーシアに届けよ」それだけの指示を与えられて、若い将校アンドルー・ローワンは、ひとり敵地キューバに渡り、広大なジャングルの中へ消えていった。それから二、三日たった。ローワンは自らの知恵と行動によって、ついにガーシアに油布の袋に包んだメッセージを手わたしたのである。

これは「その心配事は私にお任せください」という言葉を実証した男のすばらしい物語である。

この言葉の働き　私は大勢の人がこの言葉を使って成功したのを見てきた。セールスパーソンは顧客へセールスするために使い、また他の人はビジネス上のさまざまの不満を処理するために使っている。あるいはもっと積極的な心構えをつくり上げる手段として使っている人もいる。

一つの典型的な例として、夜の会合で何回も顔を合わせたエレーン・ボイヤーの話をしよう。私たちは、この言葉を違った状況にどのくらい応用できるかなどと話し合っていた。

その際エレーンが、どのようにこの言葉を使ったか、みんなに報告してくれた。彼女は、ある大企業のタイプ室で働いていた。ある日の昼休み、ひとりの重役が部屋にはいってきて、午前中タイプを頼んだ手紙はどこにあるかと聞いた。上役はちょうど昼食で外出中。そこで、その重役は、居合わせた二人の女性に聞いたのだが、とうとうわからず、最後にエレーンの所に来た。エレーンは答えた。

「その手紙のことは存じません。けれどもスミスさん、その手紙のことは私にお任せください。私がさがして、できるだけ早くあなたのお部屋までお届けしますから」

そして、この手紙を持っていった時、重役がたいへん喜んだことをエレーンはつけ加えた。けれどもこの話はこれで終ったのではなく、続きがあった。それから四週間後、彼女は嬉しそうに発表してくれた。昇進して、もっとずっと大きな責任を任せられることになったのである。だれが彼女を推薦したかは明らかであろう。もちろん手紙を見つけてもらった重役である。彼女に気持よく、てきぱきと処理してもらってから、彼は名前を書き留め、重役会で新しい仕事に彼女を推薦したのである。

楽になりすぎている　今日、私たちは史上最高の生活水準に達している。洗濯機、テレビ、自動車、電気かん切り、自動皿洗い機、電気芝刈り機、ガレージのドアのリモコン、そのほか力を省くための装置がたくさんそろっている。過去のどの時代と比べても、こんな豊かな時はない。祖先が夢みていた以上のレジャーを楽しむことができ、労働日数も短縮され、定年も繰り上げられた。

これはみんなの望みである。しかし、ここに一つの問題が起こった。これらはどれも、生活を容易で快適なものにしすぎたのである。知らないうちに、自分の仕事や生き方までも、できるだけ安易で快適なものにしようと思い始めたのである。

その結果、次のような言葉が、平気で使われるようになった。

「それは私の担当ではありません」

「三時以後に、もう一度電話してください」

「それはどこで調べればよいのですか」

「それは私の仕事ではありません」

「小間物売場か家庭用品売場に行ってみたらどうですか」

「それをするのに、どのくらい時間がかかりますか」

「ちょっと今、忙しいんです」

「それは佐藤君の仕事です。彼の所へ行ってください」

「お役に立てませんね」

「図書館に行ってみましたか」

「ここでは、そういうものは扱ってないんですよ」

まだまだ、いくらでも考えつくであろう。

責任のたらいまわし　ひと月ほど前、私はあるデパートに買物に出かけた。目指す売場に行ってみると、店員は「ここにはないから」と、ほかの売場を教えてくれた。ところが結局、そのあと売場を四つもたらいまわしにされ、そのあげく、やっとさがすものが見つかったという始末であった。

「責任転嫁の最終地点はここ！」

ハリー・トルーマン大統領がかつて自分のオフィスに掲示したように、こんな標示を、だれかがどこかに掲示してくれたら、どんなに助かることだろう。

つまり、ここが最終地点になるのである。責任をたらいまわしにして、他人のせいにするのは、ここで終り。

この言葉をためしてみよう　あなたも、自分という人間を特に魅力的にしたければ、この魔法の言葉をためしてみることである。

朝出かける前に、奥さんに夕食は何か訊いてみる。奥さんが「まだ決めていないけど」と答えたら、「それじゃ、たまには僕がやってやろうか。帰りにびっくりするような物を買ってきてあげるよ」と言ってやりなさい。

あなたの上役が「A社への発送はどうなったか」と訊いたら、こう答えてみなさい。「私は知りません。でも、お任せください。すぐ調べてお知らせしますから」

また、あなたのお客が、電話で不平を言ったり、困った事が起こったと言ってきた時には、こう言いなさい。「今すぐお答えはできませんが、とにかく私にお任せください。何か良い解決策を見つけて、すぐお電話いたしますから」

あなたもガーシアにメッセージを届けてみなさい。最も効果的な、楽しい響きを持つ言葉を使うのである。練習を重ねて習慣にしなさい。

魅力的な人間になりたかったら、どんなチャンスも逃さないで、こう言いなさい。

「その心配事は、私にお任せください」

ステップ2　人の弱点を許すこと

アブラハム・リンカーンの夫人は、たいへん気が短く、忍耐力のないことで有名であった。ある時、リンカーンの友人が仕事のことでやってきて話し込んでいた。そこへ夫人が駆け込んできて「頼んでおいた用事をやってくれましたか」とリンカーンに尋ねた。リンカーンは「時間がなかったので、まだやっていない」と答えた。すると夫人は、たいへんなけんまくで夫をののしり始めた。自分よりも他の事を大切に考えていると怒って大きな音をたててドアを閉め、部屋を飛び出していった。

友人がびっくりしているのを見て、リンカーンはほほえみながら言った。「ああして爆発することで妻の気持がすっきりするなら、したいようにさせたほうが、ぼくも嬉しいんですよ」

アメリカの生んだ偉大な人物アブラハム・リンカーンは、人間を魅力的にする第二のルールをみごとに行動に移していたのである。

もう一歩進めて考えてみよう。人は強くないからこそ、あなたを求めるのである。弱点を持っているからこそ、あなたが必要なのである。

もう一度繰り返して言おう。大切な教訓であるから。

人は強くないからこそ、あなたを求めるのである。弱点を持っているからこそ、あなたが必要なのである。

ローマの偉大な皇帝マルクス・アウレリウス帝はこう言った。「人々は手と足のように、そして、上歯と下歯のように協力し合わなければならない」

自分の持っていないものを補い合うために、人々はお互いに必要なのである。リンカーン夫人が怒りを爆発させた時、彼女には、短気という弱点を受け止めてくれる夫が必要であった。明らかに彼女は正しいものではなかったし、また決して見よいものでもなかった。しかし、それは彼女の、どうすることもできない弱点であり、〝盲点〟であった。夫リンカーンはこれを知っており、爆発するチャンスを与えてやるには、自分が必要だということも知っていたのである。

他人の弱点を補う　自動車部品メーカーの営業部長をしている友人と昼食を共にしていた時、友人が突然言い出した。「今の仕事をやめようかと思っているんだ。社長は発明の天才で、ガレージから始めてたたき上げた人だから、ワンマンさ。苦労しただけに、製品は社長の子供みたいなものだけど、他は何も知っちゃいない。新しい近代的な工場もあるし、海外に支店も出しているけど、宝の持ちぐされだよ。社長が話のわからない人だからね。ぼくたちの考えているマーケティングのことなど理解しようともしないよ。そのくせ、何一つとして決断を下すこともできないのさ。ただ、ぼくのやることには、年中、批判ばかりだ。毎日気分はめいるし、どこか他の会社に移ろうかと思っているんだ」

そこで私は、こう話した。「君の持っている不満こそ、社長が君を必要としている証拠じゃないか。社長は才能があって天才だから君が必要なんじゃないよ。マーケティングのこともわからないし、意思決定もできないし、営業活動はむずかしいと思うからこそ、君が必要なんじゃないか」

それから数ヵ月、彼とは会わなかった。ところが、ある日、電話があって、一緒に食事をしようと言ってきた。

会うと、開口一番、彼は言った。「取締役に昇進したんだよ。君からあの話を聞いた後、全くそのとおりだと思って、翌日から今までのぼくの仕事を見直してみたんだよ。そうしたら、ぼくは、社長とのギャップを埋め、社長の弱点を補うために働いていることに気づいたのさ。そして社長への態度を変えてみたんだ。社長もそれに気づいたらしく、ぼくのことを認めてくれたんだよ」

この友人は、会社で自分が必要な人間であることを悟ったために、人を喜ばすことを知り、大幅に昇進したのである。

私は授業で生徒たちから学んだ事を、そのまま受け渡ししたにすぎなかった。

私はいつも生徒たちに、自分の上役のまちがっている点を書き出すように言っている。

生徒たちは大喜びで書く。まるでソーダ水のびんをよく振っておいてから、ふたをあけた時のように。しかし、泡が消えて冷静に不平不満を分析してみるとわかるのだが、答えはいつも同じである。上役を一番喜ばせる贈物は、彼らの弱点を補うことであると気がつくのである。これ以上上役を喜ばせる方法はない。

私は妻を愛している。その理由の一つは、私が弱点を持っているからである。私はでしゃばりで、何でも自分の思うようにならないと気がすまない性分である。でも今は、これが自分の欠点であることを自覚している。だから、いつもこの点を抑えようと努力している。

妻は私に抑制するようにと言ったことは一度もない。いつも私を威張らせてくれる。妻は批判しようと思えば批判できるのである。「あなたは一度も私の好きなようにさせてくれない」と不平を言おうと思えば、いつでも言える。しかし、そうするかわりに、妻は私の弱点のために、私を愛し、私を必要としているというように振舞っている。私には、そう思えるのである。そのお返しに、彼女は、私から感謝の気持と愛情とを受け取っている。だからこそ、彼女は良い妻であり、気持の良い女性なのである。

あなたはいつも必要とされている　健康な時には医者はいらない。病気になった時、健康を回復するために、医者が必要となるのである。

食料品がなくなると、食料品店に買いにいく。みぞがつまったり、蛇口がこわれたりすると、水道工事の人に「ありがたいな」という気持を持つ。車が故障した時は、自動車修理工に感謝する。

このように相手の必要性を満たし、弱点を補ってやれば、皆あなたに感謝するのである。

これが魅力的な人間になるための第二のステップである。

あなたの上役、妻や夫、友人、同僚、親類、お客、だれも完全な人間はいない。道ですれ違う人たちも、みな完璧な人間ではない。この事をよく知っておきなさい。皆あなたを必要としている。弱点を補ってもらうことによって、人々はあなたに感謝し、あなたに魅力を感じるのである。

ステップ2は、**他人の弱点を許すこと**である。

もう一歩進めて、「人があなたを必要とするのは、自分が強いからではなく、弱点を持っているからだ」と悟りなさい。

選択権はあなたのもの

私の友人である、ある能力開発コンサルタント会社の社長と、朝食のため、ホテルのコーヒーショップにはいった。飛行機に乗るために急いでいたので、食べる時間はあまりなかった。コーヒーショップは大変こみ合っていて、二、三分すわって待っていても、ウェイトレスは見向きもしない。

ついに友人がウェイトレスを呼び止めて「お嬢さん、注文をとってくれませんか。急いでいるんです」と言った。

やっと彼女はこちらへ来てくれたが、まったくひどい態度だった。とても無作法で、注文を半分とっただけで、忙しいと文句を言って、さっさと行ってしまった。

コーヒーを注文したのに無視された時、友人は私に言った。「いやだね。でも見方を変えてみたらどうかね。あのウェイトレスは感情的にイライラしていて、みじめな気持がしているにちがいない。だけど、そういう気持を持っているのが彼女だけならどうだろう。問題は幾つあると思う?」

「一つだね。彼女の問題だけだ」と私は答えた。

「だが、もしぼくも彼女と同じようにイライラしたら、幾つ問題があることになる？」

「二つ。彼女のと君のだ」と私は答えた。

「そのとおり。そこで、問題を一つにするか二つにするかは、ぼくの選択なんだ」

選択はどんな場合でも、あなたがするのである。腹が立ち怒鳴りたいような場合でも、この選択をすることができる。あなた自身の問題を取り除けば、問題の五〇％は解決したことになる。

さあ、次は、魅力的な人間になるための第三ステップである。

ステップ3　責められよう

ヴィクトール・フランクル博士というオーストリアの精神科医は、第二次世界大戦中、長い間ナチの収容所に入れられていた。家族は収容所やガス室やオーブンで殺され、彼自身は、裸の体に残忍な仕打ちを受け、苦しめられた。にもかかわらず、彼は『「生きる意味」を求めて』という著書の中で、こう書いている。

われわれ収容所に入れられていた者は、他人を慰め、自分の最後のパン一切れを与えながら、小屋の中を歩きまわっていた数人の人がいたことを覚えている。数こそ少なかったが、彼らは人間からすべてのものを取り去ることができても、たった一つだけ取り去れないものがあることを実証している。つまり、人間に与えられた最後の自由――どのような境遇におかれても自分の生き方を選ぶ自由――は取り去ることはできないことを実証している。

睡眠不足、不十分な食料、その他の精神的圧迫などの条件によって、人間がある種の反応を示すということは認められる。しかし、最終的に明らかに言えることは、収容者がどのような人間になるかということは収容所の影響によってだけ決定されるのではなく、その人間の内部の決心によって決まるのだということである。だから基本的には、だれでも、こんな情況におかれてさえも、自分が——知的にも精神的にも——どういう人間になるかを選ぶことができる。

これが重要なところである。他人があなたをどれほど不当に扱っても、どれほど不公平に扱っても、あなたの態度を決めるのは、あなたである。毒舌と、怒りと、報復と、皮肉を選べば、あなたはいやな人間になり下がるだろう。

しかし、あなたが相手の無礼と責めと不正に静かに甘んじることを選ぶなら（どっちにしても、これは収容所で起こった事よりも、ずっとましだと思う）あなたは忍耐と慎重という原則を選んでいるのである。そしてこのような人間性こそが、見る人すべての尊敬を勝ち得、賞賛の的となるのである。

あなたは群集がイエス・キリストを訴えた時のことを知っているだろうか。長老、祭司などがやってきて「あなたは神の子なのか」と尋ねた。

イエスはただ「そのとおりである」と答えた。

それから少したって、ピラトが「あなたがユダヤ人の王なのか」と尋ねた。

再びイエスは「そのとおりである」と答えた。

イエスは激しく否定したり、自分を正当化するため言葉を連ねたりはしなかった。心や行動を決めてしまっている人と感情的に争っても、無益であることを知っていたのである。このとき違う行動を取っていたら、自分自身を低い次元に引きずりおろすことになったであろう。それは神を訴えている人々と同じ次元にまで、神を引きずりおろすことになったであろう。

シャカも悪意をこめて自分を呼び止め、ののしる男に道で会った時、これと同じ態度を取った。男が息をつくために話をとぎらせるまで静かに待ち、こう訊いた。「もしあなたがだれかに何かをあげようとしたのに、相手が断わったら、それはだれのものになりますか」

「あげようとした男だろう」と男は答えた。

「では、あなたのその責めと悪口をお断わりしましょう」と答えて、シャカは行ってしまった。

さて、問題は幾つ残っただろうか。一つだけ、訴えた人のだけである。

征服されないコツ

何年か前、オーストラリアに気まぐれな少女が住んでいて、この少女は他の子供のわずかなまちがいにも腹を立てるような子であった。

母親はこの少女が成長していくにつれて、何回も思い出してくれるようにと、ある言葉を教えた。それは「怒った相手によって、きっとあなたは征服されてしまいますよ」という言葉であった。

この少女は成長し、シスター・ケニーとなった。あのシスター・ケニー財団を建設した人である。この財団は小児マヒにかかった数千人の人々の慰めとなった。しかし彼女の人生は、常に激しい論争と痛烈な批判を浴びていたのである。

あなたは自分の怒りと感情的な反感を抑えることによって、征服されるのを避けることができる。もしだれかが不正を働いたら、そのお返しに、愛情を与えなさい。これはシャカが言った言葉と同じ考えを表わしている。

あなたが選択しなさい

現実に直面してみよう。あなたは生きている間に、いじの悪い陰口や非難、思慮のない行為などにぶつかるだろう。そのほとんどは、あなた自身、自分に値しないと思っている。

しかし、どう対処するかは、あなたの決めることである。目には目をと考えて、毎日の生活や自分自身をみじめにすることもできる。感情的になって腹を立て、復讐心をもって対等にやり合うことも、あなたの自由である。

あるいは、人の行動や不正な訴えはコントロールできないけれども、自分の反応はコントロールできることに気がつくことも、あなたの自由である。

どちらの態度を選ぶかは、あなたの決める事である。ステップ3の、あなたに値しないと思っても、「無礼と責めと不正に甘んじよ」、に従うことによって、他人の尊敬を得ることができるのである。成功し気持ちの良い人間になることができるのである。

このルールの力は、許すことの力であろう。こういうふうに言うこともできる。

「許すこととは何か」と訊かれた時、ある少年はこう答えた。「花が踏みつけられた時に漂う、あの甘い匂いだよ」。

グループ・ディスカッションのための質問

○「その心配事は、私にお任せください」と言えることがあなたにありますか。
○「その心配事は、私にお任せください」とだれに対して言えますか。その内容を書き出してみてください。
○あなたを困らせている人の弱点は何ですか。その人の弱点を補うにはどうしたらいいと思いますか。
○あなたを困らせている人の弱点をなぜ許せないのですか。
○あなたを困らせている人の弱点を許すにはどのように考えればよいのですか。
○あなたは今まで、不当に扱われたり不公平に扱われたことにどんなことがありましたか。
○あなたは今まで、不当に扱われたり不公平に扱われた時にどのように感じましたか。
○あなたが不当に扱われたりした時に自分の反応を自分で選ぶ事ができる、とはどういう意味ですか。

4 相手を協力させる方法

夫として、妻として落第なのに、すばらしい結婚生活を送っている人をご存じだろうか。負けているチームからナショナルチームのメンバーになる人が、どれだけいるだろう。倒産寸前の会社で働きながら、成功した人を何人ご存じだろうか。常に負けてばかりいるチームなのに、コーチは立派などという例はどれくらいあるだろう。どれも成功から程遠い例である。

協力して成功する

あなたの結婚がうまくいっているのは、あなたが偉いためだけではない。それは、あなたの夫なり妻なりが、その役割を立派に果たしているからである。

全米チームのメンバーが偉いのは、そのひとりひとりがチームを盛り立てているからである。

仕事がうまくいくのは、自分の会社がよくなるようにと思って、働くからである。

またコーチが優秀なのは、勝てる選手たちを育て上げるからである。

水上飛行機が水面から離れて飛び立つ所を見たことがあるだろうか。水上飛行機が動き出すと前方に波が立つ。飛行機がスピードを上げるためには、この前方に立つ波に逆らって、プロペラをまわし続けなくてはならない。

けれども最後には、フロートが波の上に浮き上がるだろう。こうなった時、水上飛行機は飛び上がる態勢になったのである。もうわずかのパワーと滑走だけで十分というわけだ。

波に逆らうのをやめよう

人間も同じである。自分の前方にいる人たちを押しのけて成功しようとする人がたくさんいる。競争し、争って成功しようとする。こういう人たちは、他人をいつも障害物だと考えている。自分が成功するのにじゃまになると思っている。

他人に逆らうのをやめ、波に乗ってしまいさえすれば、ほんのわずかの努力で飛び上がれることがわからないのである。

以前、ある重役が、自分は上役の地位をねらっているのだと、話してくれたことがあった。

「だけど君が考えているようなやり方で上役の地位を奪おうというんじゃないよ」とその重役は言った。「ぼくは上役を助けて成功するようにしてあげるんだ。そうすると会社は彼を昇進させるだろう。そのあいたポストへ、ぼくがおさまるというわけだ」

そして驚くべきことに、彼はそのとおりの事をやったのである。これは五年前の話だが、それ以来、彼は二回も昇進している。

方法Ⅰ　他人の成功を手伝え

他人の成功を助けながら、あなた自身も魅力ある人間として昇進するための三つの手法。

㈠　**賛成できない考えでも、他人の考えがうまくゆくように努力すること。**

かりに、あなたが友人と一緒に映画を見にいこうとしているとしよう。あなたの見たい映画と、友人が見たい映画が違ったとする。しかし、結局あなたは譲って、友人の見たい映画に行った。映画館であなたは何となく落ち着かない。ポップコーンを食べ、つまらないのであくびをし、みんなが笑っている時も、むっつりしている。

映画が終ってから、あなたはこう言う。「やっぱりおもしろくなかったじゃないか。ぼくの言ったほうを見ればよかったんだよ」。けれどもこの場合、あなたは楽しもうとする努力を全く怠っていたのである。友人の見たい映画を単なるおつきあいで見ていたわけだ。

若い王子と新しく雇われた家庭教師の話をご存じだろう。女王は新しい家庭教師にこう言った。「息子の王子は、将来この国の国王となるのです。ですから、息子の欲しがるものは、何でも与えなくてはなりません」

二、三分後に、子供部屋から大きな叫び声と泣き声が聞こえてきた。女王は驚いて飛んでゆき、何があったのかと家庭教師に尋ねた。

返事はこうだった。「あなたは王子様が欲しがるものは何でも与えなくてはいけないとおっしゃいました。実は窓の所にハチが止まっていたのを見て、王子様はハチが欲しいと言われたのです」

家庭教師は、女王の意見にそのまま従うことによって、それがまちがっていることを、明らかにしたのである。

このことを覚えておこう。常に柔軟性を失わないこと。他の人の考え方や、やり方がうまくいくように、助けてあげなさい。他の人の考え方が正しいことがわかれば、それを支持してほんとうによかったと思うにちがいない。もしまちがった考え方であれば、まもなくそのことが明らかになるだろう。何もあなたがメチャメチャにすることはないのである。

会社が幹部たちの反対を押し切って、新しいことを始めたとしよう。これはよくあることだ。ある幹部は「まあ、とにかくやってみましょう。だけど、うまくいかないと思いますよ」と言って、「うまくゆかない」ことを証明しようと必死になるだろう。

でも逆に、その考え方がうまくいくことがよくあるものだ。すると反対した人々は脱落してゆく。だから、あなたの意見とは違っていても、他人の考えを支持する時には、最善をつくして、それがうまくいくように努力しなさい。

(二) 他人をほめること。

自分のじゃまになる相手や、自分の敵に、昔はどう対処していたか、聞いたことがあるだろうか。

魔術師はその敵に似た人形を作り、人形に針をさして苦しめたのである。もちろん、これが効果を持っていたわけではない。

しかし多くの人々は、この習慣を今日まで持ち続けている。人形は使わないが、実生活に応用してきたのである。成功への道は、他人を倒すこと――つまり他人に針をさすこと――だと信じている。次に掲げるエルバート・ハバードの言葉は、良い忠告となるだろう。上役や友人、夫や妻などの成功に、貢献できるようになるからだ。

人のために何かをする時は、心から真剣に、その人のためにしてあげなさい。その人があなたのパンとバターのために給料を払っているなら、その人のために努め、その人をほめなさい。その人の組織を支持しなさい。危機に直面した時は、一オンスの忠誠心は一ポンドの知恵と同じ価値を持つ。たとえ、けんかをし辞職するハメになっても、その組織の一員である限り悪口を言ってはならない。

㈢ 他の人のためにあなたの知恵を貸してあげること。

交換することによって、二倍になって返ってくるものは、アイデアだけである。アイデア提供者になろう。

他の人の成功を助けるようなアイデアを、いつもさがし求めるようにしなさい。

特許事務所には、使われることのない何十万という発明が積まれている。発明者たちが公表しないからだ。公表すれば、だれかが自分よりも得をするのではないかと、心配でたまらないのである。

私の友人の一人ドン・スペンサーは、ときどき私のところにアイデアを送ってくれる。「君が活用できそうなアイデアを送る。さあ、これは君のものだ」と書いた紙切れと一緒に、切抜きやコピーのはいった封筒が送られてくる。

こうしてこの友人は、アイデア提供者として、アメリカで多くの人に知られるようになった。彼の勤めているノーザン・ポンプ社は、今では他の人に知恵を貸し、援助を与えるために彼を雇っている。ドンは他の人にアイデアを与えることによって、すばらしい友情を育ててきたのである。

まとめ

他人の成功のために努力すること　それには次の三つの手法がある。

一、賛成できない考えでも、他の人の考えがうまくゆくように努力しなさい。

二、他の人をほめて勇気づけなさい。

三、他の人のために、知恵を貸してあげなさい。

この三つをためしてみなさい。あなたはますます魅力的な人間となるだろう。そして多くのチャンスが、あなたの前にひらけるにちがいない。

他人を苦しめるための秘訣

これは、ちょっとイライラさせたり、欲求不満を起こさせるというような苦しめ方とは違う。本当の精神的苦痛を与えるやり方である。

このこらしめ方は痛烈である。非難、ののしり、あざけり、不正な批評、いやしめ、悪口、小言、侮辱、やじ、などの苦しめ方よりも、ずっと痛烈である。なぜなら、今あげたような苦痛には、反応の仕方があるからだ。対処のしようがあるからだ。けれども、これから述べる苦しめ方は非常に痛烈で、人間の肉体的・精神的健康を破壊してしまうほどである。

そのやり方というのは、こうである。最大の精神的いら立ちと悲しみを与えたければ簡単である。その人を無視すればよいのだ。

他の方法でも少々の苦しみは与えられるが、ほんとうに相手を感情的にも精神的にもズタズタに傷つけたければ、完全に相手を無視することである。

古代ギリシャ人たちは、この方法を使った。有罪とされた人間に、オストラシズム（陶片追放）の宣告を言いわたしたのである。そして追放、排斥したのである。

戦後の戦争孤児院では、赤ん坊や子供が、愛情を拒否されたために――つまり無視されたために――実際に死んでしまうという例も珍しくなかった。

コメディアンのジェリー・ルイスは、新聞で批判された時、その評論家の批判について、テレビのショー番組でこう反論したのである。「この評論家にできる限り最大の苦しみを与えようと思います。つまりここで、その人の名前をあげることを控えたいと思います」

これがあなたの望むところか？　他人を無視するのにも多くの方法がある。ふさぎ込んだり、気まぐれに振舞ったりするのも、他人を否定する方法の一つである。時には復讐心に燃え、他人を無視したいと思うかもしれない。他人をみじめな気持にしてやりたいこともあろう。けれども、それには問題がある。つまり、あなた自身も、みじめな気持になってしまうということである。

また、あなたがその人を無視すれば、遅かれ早かれ、いずれはその人も、あなたを無視するようになるのである。

それが役に立たない理由　残念なことだが、むっつりしたり、ふくれたりすると、ものが思いどおりになってしまうことがあるものだ。あなたも子供の時に、ふくれたことがあるだろう。すると両親は、何だか締め出されたような気持になって、あなたがきげんをなおすように、とても親切にしてくれただろう。

大人になってからも、同じ事をしたとする。結婚生活で、また仕事の上で、他人の注意を惹いたり、自分のやり方を通すために、ふくれたり、だまりこんだりしてみなさい。すると相手は、結局誇りを捨ててあなたの言うとおりになるかもしれない。

しかし、決して喜んでするのではない。だから相手を無視したために、相手が自分を好きになったなどと思ったら大まちがい。彼らはあなたに折れたのである。自己の尊厳と、あなたに対する尊敬、それに誠実な愛情を犠牲にしたのである。

だから、他人を喜ばせ、相手と自分をみじめにしたくないのなら、方法IIに従って行動しよう。

方法II　他人を無視しないこと。ふくれたり、恨んだりしないこと

何が偉大な人物を創るか？　偉大な人物は、憎悪をいだかない。そのために彼らは偉大な人物になったのである。子供っぽい反感や、偏見、復讐心に燃えるような態度も取らないし、恨みも持たない。

南北戦争の時、南部連邦大統領をしていたジェファソン・デイビスは、ロバート・リー将軍に、彼の部下の士官のことを尋ねた。するとリー将軍は、自分の部下を大変ほめたのである。

このことを聞いた別の士官が、リー将軍にこう忠告した。「将軍、あなたが大統領に大変ほめて話された士官は、いつもあなたをひどく批判していますよ。機会あるたびに、あなたをあざ笑っているのを、ご存じないのですか」

「そのことは知っている」とリー将軍は答えた。「しかし大統領が私に尋ねられたのは、私が彼をどう思っているか、であって、彼が私をどう思っているかではなかったのだ」

アブラハム・リンカーンとマクレランの不和は有名であった。マクレランがリンカーンに対しておうへいであったことも知られている。それにもかかわらず、リンカーンは言った。「マクレランがわれわれに勝利を与えてくれさえすれば、彼の馬番にでも何にでもなるよ」

リンカーンは政治上の対抗者にあたる人物を内閣の要職に任命し、国民を驚かせたことがある。スタントンはリンカーンを、道化者でゴリラだと、あざ笑っていたのである。しかしリンカーンは、スタントンを陸軍大臣に任命した。スワードの場合も、自分はリンカーンよりずっと有能であると言いふらしていたが、リンカーンは彼を国務長官に任命している。

ナポレオンは決して理想的な人間とは言えない。しかし個人的な批判をされたからといって、恨みをいだくような人間ではなかった。対抗者をなぜ高官に任命したのかと尋ねられて、ナポレオンは答えた。「有能で仕事ができる限り、彼が私のことをどう思っていようが、いいじゃないか」

黒人の教育者ブーカー・T・ワシントンは、通りがかりの人に、ひじで突かれて溝の中に落ちたことがある。友人が、どうしてこんな侮辱に耐えられるのか、と尋ねると、ワシントンはこう答えた。「ぼくは、だれにも憎しみを持ちたくないんだ」

偉大な人物が偉大であるのは、恨みを持ち続けたり、反抗心や憎悪をいだかないからだ。しかし精神医の診察室は、恨みや敵意、嫉妬、怒りなどでいっぱいの小人物でいつも満員である。

方法IIの守り方　方法IIに従って行動するために、次のことを覚えておくときっと役に立つだろう。

他人に親切にしたくない時こそ、最も親切にしなさい。

なかなか大きな挑戦だが、偉大な人物は、みんなこのことを実行して、偉大になったのである。こんな時に他人に親切にするはずなどないと思われるのに、この人たちは、いつも最高に親切であった。

まとめるとこういうことになる。恨み、嫌悪、ふくれっつら、他人を無視することなどによって、人から良い反応を得ることはできない。こういう子供っぽい行動ではだめだ、ということである。だから、上役があなたの事を批判した時には、ふくれたりしないで、ほほえみを返しなさい。それだけで、上役はあなたを立派な人間だと思うだろう。

また妻や夫が、お互いをののしり合うことがあっても、むっつりしないこと。意見が違っても、思いどおりになるまで、ふくれたりしないことである。思いやりを持ちなさい。そして愛情を得ることだ。それが成功への道であり、成功する魔法である。

友人や同僚があなたを批判し、ゴシップをまく時こそ、最も親切にしてあげるチャンスである。その人から感謝されるだけではなく、すべての人たちから尊敬と賞賛を得るであろう。

まとめ

他人を苦しめたければ——無視しなさい。しかし仕事、結婚生活、友人関係で成功することを望むのなら、方法IIを用いて、あなたの人間を魅力的にしなさい。

他人を無視しないこと。ふくれたり、恨んだりしないこと。

師と呼ばれる人間

トービン博士とジム（私の九歳になる息子）と私の三人は、すわってジムの手のレントゲン写真を見ていた。ジムが転んで指を捻挫《ねんざ》したようだったので、医者に連れてきたのである。

博士はジムに、レントゲン写真を分析してごらん、と言った。ジムは二、三分じっと見つめ、「骨が折れているんだよ」と叫んだ。「どうしてそれがわかるんだね」とトービン博士はたずねた。

「ここだよ」と言って、ジムは、一本の指に、ぼんやりと薄い線のはいっている個所を誇らしげに指さした。

「そのとおりだよ、ジム。まったくいい目を持っているんだね」と博士は答えた。「すぐに手当てをしてあげよう」

博士がジムの指に副木と包帯を当てている間、私は廊下で待っていた。

そこへレントゲン技師が通りかかり、私に尋ねた。「さっき博士に、手根骨骨折だと言っておきましたよ。ほかにどこか悪いところがあると博士は言っていましたか」

「いいえ」と私は答えながら、今自分はすばらしい師と呼べる人に出会ったのだということを考えていた。

博士は知っていたのである。あのレントゲン写真を見た瞬間に、博士は、けがをしたのはどこか、わかっていた。それなのに、博士は九歳の男の子に、傷を発見する感激を味わわせようとしたのである。埋もれた宝物を発見したのと同じ感激を与えたのである。

帰り道ジムは、博士に傷のことを教えることができたと、そればかり話していた。また母親や先生や友だちに、そのことを話すのが待ち遠しくてたまらないようだった。指の痛いことなど全く忘れていたのである。

そして同じ帰り道、私が考えていたのは、いったい世の中に、自分の専門分野について、九歳の男の子に訊く人間が何人いるだろうということだった。

人間は成長した子供である　大人は子供時代の内面的な要素をほとんど持っている。大人になると、たいてい規律をもっと守るようになり、成熟してはいるが、子供と同じ傾向を持っている。人間は皆、九歳の息子と同じである。専門家のように物知りでありたいのだ。批評し、忠告するのが好きなのだ。

人に喜びを与え、得意な気持にさせたければ、この規則を守りなさい。協調的な人間と思われ、多くの事を学びたければ、この規則を守りなさい。

方法Ⅲ　他人に批評させ、忠告させなさい

この方法は、人の批評に同意し、忠告に従うべきだとは言っていない。このことに気をつけること。言い返したり反発したりしないで、人に批評させ、忠告させなさい、と言っているだけである。なぜだろうか。

答えは簡単である。自分の見解に価値があってもなくても、良くても悪くても、とにかく人間は意見を言いたいのだ。正しくてもまちがっていても、とにかく忠告を与え、批評したいのだ。この方法に不満で、人間はそうであるべきではない、と言う人もいるかもしれない。そして、そのとおりかもしれない。しかしこの本は、人間のどこがまちがっているかを教える本ではない。

この本は、あるべき人間の姿についてではなく、実際あるがままの人間について述べているのである。どうしたら魅力的になれるか、どうやったら適切に対処できるかについて述べているのだ。

そして現実が示すものは、人間は忠告をするのが好きだし、また批評するのも好きだ、ということである。

芝居の幕あいにロビーに出て、人々が話しているのを聞いてみなさい。せりふと背景との区別もつかないような人が、登場人物を一人一人、定義し分析している。

コンサートでは「楽譜」によって、だれが第一バイオリンを弾くべきかは決まってしまうと話している声が聞こえてくるだろう。

フットボールの試合を見に行った時、私の後ろにすわっていた婦人は、なぜみんなボールを持った選手ばかりを攻めるのかと訊いていた。ところが次の瞬間には、もうその試合を大声で非難しているのだ。クォーターバックの指揮を非難しているのである。

批判や忠告を聞く人は好かれる　人間はただ批判や忠告をするのが好きなだけではなく、自分の批判や忠告を静かに受け止めてくれる人を賞賛し、尊敬するものである。

ジョージ・バーナード・ショーは、初めどうして有名になったかをご存じだろうか？　ロンドンの夕刊紙上で批判され、バカにされ、ののしられたために有名になったのである。インタビューのシリーズものの欄で、やっつけられたのだ。記者がショーのアパートへ押入って、どうもプライバシーを侵害したらしい。記者はショーのことを大変侮辱して悪く書き、ショーはロンドン一の迫害を受けた人物のように見えた。

これを読んだロンドン市民は奮起した。ショーはなぜ警察を呼ぶとかして、自分の法的な権利を行使しなかったのだろうか。ショーというのは実在の人間なのだろうか。人間はこんなにまで殉教者のようになれるものだろうか。

そしてジョージ・バーナード・ショーという名は知られるようになり、尊敬をこめて人の心にとどめられた。

何年も後になって、このインタビュー記事は、実はショー自身の手で書かれたのだということがわかった。人間の本質を知り抜いていたショーは、批判を受けることによって名声を得たのである。
同様に、教師は批判や忠告を素直に受け入れる生徒を好む。コーチは「コーチできる」――つまり批評や忠告を受け入れる――選手を好む。また、忍耐心をもって批判や忠告を受け入れる夫や妻は、感謝される。

どうするか? ＡＩＡ（Adventures in Attitudes の略、心の冒険）の研修をする時、私はいつも一つの演習問題をしてもらうことにしている。それは大変むずかしい問題なので、いつも内心ためらいながらさせている。しかし、それほどむずかしい問題であるからこそ、価値がある。それは謙遜《そん》を体験させることである。

こういう問題である。「どうすれば私はもっと改善できますか」と上役、親友、夫、妻の所へ行って聞くのである。

上役には、こう言ってもよい。「私の仕事を改善させるために、何か提案してくださいますか」

夫や妻には、こう言うのである。「家庭生活をもっと楽しく価値あるものにするために、私にできることが何かありますか」

友人には、こう言ってみよう。「他人が自分を見るのと同じように、自分自身が自分を客観的にながめるのは、ほとんど不可能だと思うんだ。そこで頼みがあるんだ。ぼくがもっと親しみやすく、思いやりがあり、つきあいやすい人間になれるように、君の目にぼくがどう映っているのかを描写して、ヒントを与えてくれないか」

しかし、ここが最もむずかしいところだが、相手が何か言い始めたら、言い返したり、否定したり、やっつけたりしてはいけない。

結果は役立つ　この簡単な演習問題をしたために、大きな利益のあったことが、たくさん報告されている。

ひとりの男は、十七歳の息子に提案してくれるようにと頼んだ。「私がどうしたらもっと良い父親になれるか、良い家庭人になれるかについて、息子はたくさんの提案をしてくれましたよ」と彼は言っている。「息子の言ってくれたことの幾つかは、ほんとうに私の目を開いてくれました。それまでにはなかった理解が、息子と私の間に生まれました。息子は初めて私の提案を受け入れることのできる人間としてながめたのですから、他の人間と同じ人間としてながめたわけです」

また、ある婦人も言っている。「上役は、今までこんな批評を求めてやってきた人間は、自分の下にはいなかった、と言いました。上役は私の欠点だけではなく、長所も言ってくれました。昇進するように推薦してくれるというのです」

この人たちは、批評を受けることの価値を発見したのである。これは、ウィンストン・チャーチルの次の言葉の中に、よく言い表わされている。「私は人生のいつの時期にも、批評を受けることによって利益を得てきた。私に対する批評が少なかった時期などはなかったと思う」

ためしてみよう　一回か二回、これをためしてみようではないか。決して損はしないし害もない。やってみれば価値がわかるにちがいない。他人の目に映る自分自身の姿を見ることができるのだ。

批評や忠告を聞いてやることによって、信頼を得ることができる。自分を向上させる方法を吟味することによって、謙遜さを学ぶことができる。そして何よりも大切なことは、方法Ⅲの〝**他人に批評**

させ、忠告させなさい〟を練習することである。

説得力を持つための十戒

人間に何かをさせるには、方法は二つしかない。(1)力でやらせるか、(2)説得してやらせるかのどちらかである。

人間は強制的に力でさせられるのは、いやがるものだ。まず、力でさせようとする人に反発し、また力でさせられること自体もきらう。だから、力ずくでさせられるようなことを避けようと、あらゆる努力をする。力が加えられると、反感といらだちは必ず増大する。

だから力を加えられたために、子供は親に反発して家出をしたりする。夫と妻も互いに反発し合う。労働者は雇用者に反発して仕事をやめてしまうのである。

説得が最上の方法である

一方、説得されて行動する人は、

一、説得した人間に好意を持つ。

二、自分の利益のために、喜んでしているのだと感じている。

三、説得されてする行為から、満足感を得る。

高価な才能　このことから、説得力に富んだ人間がどんなに価値あるものであるか、よくおわかりのはずだ。ジョン・D・ロックフェラーは、人間の才能の中で、この説得の才に一番高い値段をつけたいと言った。

これは人生で最も高価な能力と言える。結婚生活、子供の教育、仕事に対して、不思議な効果を上げることができるのである。

説得力が必要なわけ　説得というのは、単に他の人に何かをしてもらうことをさすのではない。説得は、あなたの人生を有意義に満たすための技術である。必要なもので満たすのだ。

子供は両親を説得しながら育っていく。説得によって愛され、食物を与えられ、衣服を与えられ、そして保護される。

ティーンエイジャーになると、青二才から成人になるまでの間、社会を説得して、受け入れてもらうのである。

大人になると、意識して「説得」しているかどうかは別として、とにかく目のさめている間は、いつも「説得」して時を過ごしている。

他人を説得することによって、愛され、助けられ、必要とされるのである。説得によってサービスと考え方を人に与えている。家族を説得して何かをさせ、子供たちを説得して、あなたの性格や行動の基準を受け入れさせている。まわりの人たちを説得して、愛するようにさせているのである。

意識的な努力のほとんどは、社会から受け入れられ認められたいという内部の願いからきている。

しかし社会には、あなたを受け入れ、認めなくてはならないという義務もなければ、それを強制されるいわれもない。

あなたにできるのは、説得することだけである。

次の章以降で、説得の仕方を十戒として順次説明しよう。

説得の十戒　この技術は何百冊という本、何百人にのぼる重役や部長、セールスパーソンを、二十年間研究した結果、習得したものである。さらに実業界やセールス業務のためのクラスや、成人向けの人間関係のクラスを十五年間教えた経験などを通して練られてきたものである。

これは時間を越えた法則であり、偉大な指導者や説得者が使用している十戒である。

この十戒は、あなたの人生を大いなる成功と幸福で満たすだろう。それが今、あなたのものとなるのである。

グループ・ディスカッションのための質問

○あなたは今まで他の人の成功を手助けした体験がありますか。その時にどんなことをしましたか。

○あなたは他の人をほめたり勇気づけたことがありますか。

○あなたが他の人をほめたり勇気づけたりした時はどんな時ですか。誰を勇気づけましたか。

○あなたは今まで他の人を助けるためにどのような智恵や、アイデアを貸してあげましたか。その時の内容はどんなものでしたか。
○あなたは今まで、相手を無視したり、ふくれたり、恨んだりしたことがありますか。その時はどんなことでそうしましたか。
○あなたは他の人に自分を批判させたり、自分に忠告させたりするために、相手に「私が改善した方がよいと思う点があったら教えてください」と訊いたことがありますか。
○あなたは、これから相手に「私が改善した方が良いと思う点があったら教えてください」と言うとしたら誰にこの質問をしますか。あなたにそうする勇気がありますか。

5
まず期待ありき

「ねえ君、君の秘訣は何なのだ。君が他のセールスパーソンよりずっと上手に仕事をしているのは、どこが違うからかね」

昼食のテーブルで、私の前にすわった男に、こう尋ねてみた。彼は研修プログラムのセールスを始めて一年目で、約六百万円かせいだのである。普通なら巧みなセールスパーソンでも、一年目には、その四分の一もかせげばよいと言われている。

彼の答えには、少しの疑問も、かげりもなかった。「君、君も知っているとおり、去年この仕事を始めるまで、ぼくは十五年間ガソリンスタンドをやっていた。スタンドにだれかが車を乗りつけて、ガソリンポンプの前で止めれば、ぼくはいつもタンクにガソリンを入れたいのだなと思ったよ。つまり、車でスタンドに来る人は、私と取引きしたいんだなと、いつも思っていたよ」

「この仕事も全く同じさ」と彼は続けた。「ぼくはいつも、出会う人は皆、ぼくと何か取引きをしたいんだと本気で思うんだ。そう思うことができなくなったら、もう何も考えずに明日にでも仕事をやめたほうがいいさ。ぼくの見る限り、他のセールスパーソンとぼくとの違いは、その点だな。彼らもだれかと取引きをすることを望んでいるかもしれないけれど、ぼくは本気で取引きができると思っているんだよ」

第一の戒律

このセールスパーソンは、説得のための第一の戒律について語っていたのである。これこそ上手に説得するための土台である。これはあなたがすることや言うこと以前の問題で、あなたの態度にかかっている。それは自分で身につけなければならない。説得力のある人間の第一の戒律は、

〝上手に説得できると思うこと〟

その理由　この規則がどうして必要なのか。理由は簡単である。人はこのように行動するだろうと期待されたとおりに行動するからだ。

喜劇役者の演技を見て笑うのは、笑うことを期待されているからだ。

教会で敬虔《けん》な態度になるのは、そうするように期待されているからだ。

野球の応援をするのは、そう期待されているからだ。

図書館で静かにしているのは、そう期待されているからだ。

朝起きた時の気分が一日中続くことは、あなたもお気づきだろう。

何か小さな出来事が朝一番初めに起こると、それは母親の気持をいつまでも左右してしまう。そのため、子供たちが一日中言うことを聞かなくなることがある。「どなったり、わめいたりして一日が始まるなんて、なんて素敵なんでしょう。だけど、一日中こんなことを我慢することはできないわ」と母親は言うだろう。けれども彼女は、結局一日中、我慢をし続けることになる。なぜなら、彼女がそれを予期しているからだ。

「ボスは今日はきげんが悪そうだわ」と秘書がつぶやく。「今日はどうも、長い一日になりそうだわ」。そして、そのとおりになる。彼女がそう予期しているからだ。

またセールスパーソンは、何も売ることができないまま、最初の訪問を終える。「ああ今日も、あのいやな一日になるんだな」と言う。そして、がっかりすることばかりの一日になる。これもまた、彼がそのとおり予期しているからだ。

マンチェスター大学における心理学の研究によると、失敗のおもな原因は、失敗を予期することにあるという。

シェイクスピアも「われわれは疑惑心のために、試すことさえ恐れることがある。そのため、やってみれば得られたかもしれない成果さえ失うことがある」と言っている。

影響力を持とうとしてうまくいかないのは、疑いや、恐れや、ためらいの気持を持つからである。否定的な予測からは否定的な反応が起こる。肯定的な予測からは肯定的な反応が起こる。これは法則である。

だから、もっともっと信じさせ、説得し、影響を与えるためには、その人との人間関係で成功を予期しなければならない。

フランク・チャニング・ハドックは、著書『意志の力』の中で言っている。「成功を信じて予期することほど、成功を導くものは他にない。これこそ、意志の力である」

だから、上手に説得できる、と信じ、予期しなさい。

ハドックも、「欲するものを強く要求する積極的な心のほうが、おどおどした消極的な心よりも、ずっとそれを得やすい」と言っている。

この人間の行動についての原則を、イエスは「汝の信ずるごとく汝になれ」(マタイ伝八―一三)という言葉で示している。


あなたの考え方の訓練　かぼちゃの種をガラスびんに植えた農夫の話をご存じだろうか。かぼちゃが十分大きくなった時、その農夫はびんを割って、かぼちゃを取り出した。

かぼちゃはガラスびんと同じ形になっていたのである。

同じように、よく意味がわからないまま、自分の考えをガラスびんに押し込んでいる人がいる。そのために多くの人は、他人の意見や行動に大きな影響を与えることなどできないと思っている。その予測や期待は、ガラスびんと同じ形になっているのだ。

あなたの態度は、次のような方法で形づくられてしまう。
○他人に批判をされた経験があると、批判を予期するようになる。
○他人があなたを軽蔑し、軽く扱うと、いつもそういう扱いを他人から期待するようになる。
○家族が十分な尊敬をもって扱ってくれないと感じると、いつまでもその状態が続くと予期する。

○仕事で昇進しないと、そのことに慣れてしまって、いつも無関心な行動を取るようになる。

このように、すべての事柄、毎日の出来事、すべての経験が、あなたの将来への期待を作り出していく。そしてあなたの態度は、ガラスびんの中に押し込まれてしまうのである。

やっと順番が来たところ　だから、あなたの期待が否定的なガラスびんでなく、肯定的なガラスびんに押し込まれているかどうかを確かめなさい。

人に最悪を期待するのでなく、最善を期待しなさい。

人との接触が、良い結果を生み出すことを期待しなさい。

野球をして遊んでいるトミー少年のようになりなさい。

トミー少年が野球をしている最中に、父親が見物にやって来ました。

「点数はどうなっているね、トミー」

「十九対ゼロ」

「どっちが勝ってるんだい」

「向こうだよ」

「ウワー。すっかり負けてるんだねえ、トミー」

「何言ってるんだよ、パパ。ぼくたちはまだ打つ順番も来てないんだよ」

過去を忘れること　だから、きのう、先週、先日、どんなことが起こったとしても、またどんな過去があったとしても、今日と明日が、順序よくまわってくることを待たなくてはならない。

今日は新しい挑戦の日である。これから九章にわたって説明する戒律を守れば、人との関係に新しい時代が生まれてくる。
成功を期待することが必要である。そして、たとえ一〇〇%成功しなくても、常にこの第一の戒律
〝上手に説得できると思うこと〟
を守れるように、自分を訓練しなさい。

他の戒律

この戒律が第一にあげられた理由は明らかである。この第一の戒律を守らなければ、残りの戒律は全く意味がなくなるからだ。人の行動に影響を与えるためには、まず成功することを期待しなくてはならない。そうしないと、説得のための他の道具は、ほとんど価値を持たなくなる。

機械として完全なエンジンがあっても、動かすにはガソリンが必要である。

立派なタコを作っても、風がなければ上がらない。

高価なテレビを買い込んでも、電気がなければ何の役にも立たない。

この第一の戒律こそ、他の戒律のガソリンとなり、風となり、電気となるのだ。

これこそ、他の戒律が効果をあげるのに欠くことのできない態度である。

他の戒律を完璧に練習して守ったとしても、この第一の戒律がなければ何の役にも立ちはしない。

「うまく説得できると思うこと」によって、残りの九つの戒律が生命力を持ち、効果をあげるのである。

グループ・ディスカッションのための質問

○あなたは今まで、うまくいくと予測してその通りになったことがありますか。それはなぜですか。
○あなたは今まで、うまくいくと予測してその通りにならなかったことがありますか。それはなぜですか。
○あなたが今まで、だめになると予測したことでその通りになったことがありますか。それはなぜですか。
○あなたが今までうまくいくと予測して、その通りになった場合と、そうならなかった場合とではどちらが多いですか。それはなぜですか。
○あなたが「上手に説得できる」と思うことに、どんなことがありますか。
○あなたは過去にどんなことがあっても、今からは新しい挑戦になると信じられますか。それとも過去と同じことが未来にも起こると消極的な予測をし、将来に期待しないようにしますか。それはなぜですか。

6 説得するために質問の力を使うこと

今すぐ、私の質問することに返事をする時間をつくっていただけるだろうか？

第一は次の質問である。もっと上手に説得できるようになりたいと、あなたは本気で望んでいるか？　そうなら、あなたと同じような物の考え方を、他の人にもさせることができる。あなたが、こうして欲しいと思う行動を、他の人にとらせることができるのである。

第二の質問。今あげたことをするために、一生使える簡単な道具がもしあったとしたら、その道具は、あなたにどれだけの価値があるか。それにいくら払うか？

第三の質問。十五分という時間をさくのは高価すぎるか？　ちょっとすわったり、精神を集中したりするだけだ。投資としては、ずいぶん安いほうだと思わないか？

第四の質問。すべてをもっとうまくやるために、その十五分の時間を、今とってみないか。もっと上手に説得できる簡単な道具を自分で発見するために、たった十五分をさいて、この章を今読んでみようとは思わないだろうか？

発見できただろうか？

その道具が何であるか——説得力のある人間になるための次の戒律が何なのか——わかりかけてきたにちがいない。

わからなければ次の事をやってみよう。次のように、今の質問を書き直してみること。

この章を読んでみよう。たった十五分しかかからない。説得力ある人間になるための第二の戒律のことを説明しているのだ。だから、この章を読むために十五分さくことは、価値があると思う。もうおわかりだろう。

この章をあなたに読ませるために、二つの試みをしてみたわけだ。一つは質問の形で、もう一つは叙述の形で。

どちらのほうがよかっただろうか。どちらのほうが説得力があっただろうか。あなたに関心を起こさせたのは、どちらだろうか。

第一のほうではなかろうか。

戒律

第一の方法は、戒律の道具そのものを使ってみた。つまり、質問の形をとったのである。

さて、ここで、説得力のある人間になるための第二の戒律は明らかである。

〃説得するために質問の力を使うこと〃

質問は思考の肝臓であるから、説得するとき大きな力を発揮するのである。そして思考は、あらゆる意見や人間の行動を引き起こす源となる。

命令されるよりも、頼まれたほうが、説得されやすいのではなかろうか。

物事をこうであると教えられるよりも、それについてのあなたの意見を訊かれるほうが、嬉しくはないだろうか。

また、ある物事について、あなたが賛成していると推測されるよりも、賛成かどうか訊かれたほうが、同意したくならないだろうか。

何か買物をする時、これがよいと教えられるよりも、どれが好きか訊かれたほうが、気持よくはないだろうか。

ちょっと考えてみれば、あなたに質問をしない人よりも、質問をしてくれる人のほうが、好きだということではないだろうか。

質問の使い方　他人の考え方を左右するために質問を上手に使う方法はいろいろある。

ここでは、具体的に三つの方法をお話ししよう。けれども、いちばん大切なことは、質問の仕方を練習することである。人は「質問されたい」のである。質問されるのが好きなのである。

「質問の習慣」をつけよう。そうすれば、自然に他人の意見や感情に、もっと興味が持てるようになろう。

相手にスポットライトを当てること　これは説得力のある人が持つ才能の一つで、質問を通して行なわれる。この三つの質問方法を使うことによって、説得するためのドアが開かれ、質問が力を発揮するのである。

【質問方法1】　まず尋ねなさい。そして説得しよう。

ボクサーが第一ラウンドでコーナーから出てきたのち、攻撃にはいる前に、踊るようにして相手をよけたり、突然突いたりするのに気がついたことはないだろうか。

また競技のチームが、試合前に相手のチームを偵察するのに気づいたであろうか。

また戦闘を始める前に、軍隊は自分たちのスパイ報告を、調査研究しないだろうか。

市場調査のために、何千万ドルというお金を、毎年企業がつぎこんでいるのを考えてみなさい。新しい商品を市場に出す前に、企業は購買者たちの意見を求めている。

質問の形を使うことは、うまく説得するための、基本的な必要条件の一つである。説得しようとする前に、まず尋ねなさい。

この原則は、あなたのために役立つだろう。第一に相手の注意と興味を呼び起こす。注意を向けさせなければ、何をさせることもできない。

質問は注意を起こさせる最善の方法である。

あなたのご意見はどうですか？　これについてどうお考えになりますか？　あなたのご見解を説明していただけませんか？　これではどうでしょうか？　こういったものが、注意を惹きつける質問である。

ます相手のことを尋ね、その後で説得するのが良い方法である。

困惑したセールスパーソン　チャーリ・コーレは、私の知っている人々の中でも、人の扱い方がたいへん上手なセールスマネジャーの一人である。彼はいつも質問方式をとるのがセールスの最上手段だと言っている。そしてセールスパーソンたちに「まず尋ねなさい。そして売りなさい」と繰り返し教えていた。

また彼は、いつもこの原則を、セールスパーソンたちに実行してみせていた。ある会議で、セールスパーソンの一人に「今日の昼食の時の講演者をどう思ったかね」と訊いているのを見かけたことがある。

「まあまあだったんじゃないですか。でも少し味のない話だったようですね」

「というと、君はあまり出来がよくなかったと思っているんだね」と彼は訊いた。

「ええ、まあ、そういうことです」とセールスパーソンは答えた。

すると彼は、気分を害されたような表情で言った。「君、あの講演者は、ぼくの恩師なんだよ。この会議に彼を招待したのも実はぼくなんだ」

これを聞いた哀れなセールスパーソンは赤くなり、あわててあやまりはじめた。実のところ講演がそんなに悪かったと思っているわけではないと弁解した。

すると彼は、本当はその日まで、講演者には会ったこともなかった、と白状したのである。

「だけどね」と彼は続けた。「こういうことは、君が相手の立場を知らないで意見を言うような時、とても起こりやすいんだ。だから、いつも、まず訊いて、それから売り込むことが大切なんだ」

【質問方法2】 論じ合うために質問形式をとりなさい。

リンデン・B・ジョンソン大統領は、首都ワシントンで、四千人の労働組合指導者を前に、お気に入りの引用句を使った。

それは「さあ、われわれは、互いに論じよう」(イザヤ書一―一八)である。

うまく相手と論じ合うための唯一の方法は、質問を使うことである。

意見の一致をみるために、質問を使うのである。これは自分の見解と相手の見解が、どのくらい近いかを見きわめるのに役立つ。

会話の途中で何回か質問をして、相手の意見をさぐってこそ、相手と「論じ合う」ことができるのだ。

おかしな例 月にはグリーンチーズの山がたくさんあり、平野部は乾燥してほこりまみれである。湖はフルーツソースでいっぱいだし、木々は雨を十分吸い込むために、木の根が上を向いて生えている。月にはまた大きな噴火口のようなクレーターがある。月の生物は足に耳があって、ものを食べるには、ただそれを見て目をぱちぱちするだけでよい。

あなたは以上のことに賛成するだろうか。

あなたは笑って「まさか」と言うにちがいない。しかし、このバカげた話の中には、そのとおりと同意できるような事実も、いくつか含まれている。たとえば、月の表面は乾燥していてほこりっぽいとか、クレーターがあるとかいうことは賛成できよう。先の文章には七つの事が盛り込まれているが、そのうち五つについて不賛成なのである。

すぐれた説得者なら、一つ一つの事柄について、相手が賛成かどうかを、一つ一つ確かめるはずである。そして、それぞれの質問の後で、互いの意見が照らし合わされて決着がつく。月の話を「論じ合う」ためには、「月にはグリーンチーズの山があると言われていますが、この点に関しては、あなたは賛成ですか」と訊くべきであった。そして討論しあって、決着をつけるべきであった。

その後で「月の平野部は乾燥してほこりっぽいです。これは正しいですね」と訊き、あなたに「正しいです」と答えてもらうべきであった。

このように、考え方というのは、質問ごとに変わっていく。だから、質問によって、一つ一つの新たな事柄を、一つ一つはっきりさせていって初めて「論じ合う」ことができるのである。

【質問方法3】「なぜ」と訊くこと。

ジョンソン大統領のもとで国防長官を勤めたロバート・S・マクナマラは、ケネディ政権以来、マネージメントの天才と言われていた。

彼は好奇心とものごとをやり抜くのに必要な第六感を持っていた。同時に、よく使った手法が一つあった。

彼はいつも「どうしてですか」と訊いたのである。あなたもこれと同じ質問をして、相手との相違点を少なくし、相手の心を開き、もう一度考え直させることができる。

私はある日、住宅産業界のグループに、この「なぜ」と尋ねることが、どんなに大切かを話した。するとニ、三日たって、そのうちのひとりドン・マーボンが、私の所にやって来て、次のような話をしてくれたのである。

「私の客が欲しがっている家にピッタリの家があったんですよ。ところが一ヵ所、気にいらない点がありました。客は食堂を欲しがっていたのに、この家には食堂がなかったのです。私はこの家を、そのお客と奥さんに見せました。食堂がないこと以外は、とてもこの家が気に入ったようすでした。見終った後、客は『私たちの好みにピッタリの家なんですが、前にも言ったように、食堂が欲しいんです』と言いました。

そこで、私は、『なぜですか』と尋ねたんです。すると客は『ただ、食堂で食事がしたいだけですけどね』と言うのです。

そこでまた、私は『どうしてですか』と訊きました。

客も奥さんも、それが習慣だから、と言う以外には、特に理由をあげることができませんでした。そこで私は、その習慣がどれくらいお金のかかるものかを教えてあげました。食堂があれば、税金も電気も手入れにも、もっとお金がかかります。簡単な算数で計算してみると、食堂で食事をするだけのために、一食あたり二千円かかることがわかりました。

どうしても食堂で食事がしたいという理由がはっきりしなかったので、この人たちは、そんなことはぜいたくだ、やめてもよい、と気がついたのです。私が適切な時に『どうして』という質問をしただけで、客はこの家を買ったんですよ」

人間はおかしなもの　人間は、ほんとうは、自分でもよくわからない理由によって行動したり、考えたりするおかしなものである。「どうして」と訊かれると、自分の行動や態度の後ろにある理由を説明できない。そして結局、もっと論理的な理由に合うように変えていく。ドンの客は、単なる食事の習慣に、どんなに金がかかるか、ということに気がついて、考えを変えたのである。

人はみな「質問されうる」存在である。質問によって導かれ、説得されるのである。説得力のある人間になるための、第二の戒律の三つの適用法を覚えること。

〝説得するために、質問の力を使いなさい〟

1　まず尋ねなさい。そして説得しなさい。
2　論じ合うために、質問形式をとりなさい。
3　「なぜ」と訊くこと。

グループ・ディスカッションのための質問

○今あなたが抱えているテーマに関して説得しようとする時に、「それはどうしてでしょうか」という質問をどのタイミングで使ったらよいと思いますか。
○あなたは「さあ、お互いに話し合おう」と言って、相手の意見を聴く機会を作ったことがありますか。それとも一方的に話す方ですか。それはなぜですか。

○あなたがこれから説得しなければならないことは何ですか。誰を説得しなければならないのですか。そのために質問の力を使うとしたら、どのような具体的な質問をしますか。次の空欄に書き出しましょう。

あなたの使いたい具体的な質問

7 あなたを重要人物にする公式

一九一七年にロシアは士官たちの地位をすべて廃止した。士官たちは自分の宿舎の掃除をして、一般兵と一緒に食事をし、伝令兵とともに一列に並ばなくてはならなくなった。士官たちはすべての特権や称号も失った。たった一晩のうちに、士官の組織はメチャメチャにこわれてしまったのである。それは軍隊の歴史にかつてなかったことであった。

その結果、士官たちのモラルは全く退廃してしまい、兵士と同じように価値のない、責任のない存在になってしまった。

しかし、この事態が明るみに出ると、ロシアは全士官を元の地位にもどした。

この大きなヘマは、ロシアが人間の行為を左右する一つの大きな力を見のがしたことから起こった。この事件を通して、ロシアは次のことを学んだのである。つまり「組織化された社会で、事を成し遂げるには、人間に地位を与えなければならない」ということである。**「自分は重要な存在なのだ」**と思わせなくてはならない。

これこそ人生の万能薬である。人間の重要性の探求こそ、あなたが用いるべき方式である。他人を幸せにするために、あなたが使うべき方式である。

これは哲学者や聖人には、昔から知られていたことだ。

シェイクスピアは「私にとっては、自分自身のほうが他人よりもかわいい」と言った。「私から、お金を全部、奪ってごらんなさい」とサミュエル・ジョンソンは言った。「一時的には不便かもしれませんが、たいしたことはないでしょう。でも、私の重要性を取られてしまったら、私はめちゃめちゃになってしまうでしょう」


魅力的な人間になって他人に影響を与えたいなら、また生きている間に何かを成し遂げたいのなら、次のことが大切である。つまり、説得力のある人間になるための第三の戒律を守ることである。

〝他人に、自分は重要な存在であると思わせること〟

注意を惹くための一生の努力

人間のすべての行動の背後に潜んでいるものは、重要な存在になりたいという願いである。これは生まれてから死ぬまで変わらない。赤ん坊は注意を惹くために泣き、子供は注意を惹くためにいたずらをする。ティーンエイジャーは、受け入れられようとして、おかしな流行の後を追う。大人は美しい家、高価な車、流行の服を手に入れようと努力を重ねる。それによって特権者になろうとするのだ。認められ、名声を得るのが夢なのだ。人生とは、自我を満たすための闘いにほかならない。

どうしてこれに逆らう必要があろう。

成功するためには、人に自分は重要な存在なのだと感じさせ、満足させるだけでよいのである。

そして、これはほんとうに簡単なことである。

他人に自分を重要な存在なのだと感じさせるために、できることは何万とある。しかし、そのうちの九〇%は、たった三つのルールに基づいている。これを学び、練習すれば、あなたの説得力は、一晩で何倍にもなるだろう。

【規則1】 感謝をすることによって、相手に「自分は、重要な人間である」と感じさせること。

有名な心理学者ウィリアム・ジェームズは、本を執筆中に病気になり、入院したことがあった。その時、友人の一人が、アゼリアの花と感謝の言葉を書いたカードを届けた。ジェームズ博士は、お礼の言葉として「この贈物は、私が本に書き忘れていたことを思い出させてくれました」と書き送った。ジェームズ博士は、人間性の最も深い所に横たわるもの——感謝されたいという渇望——を書き忘れていた、と言いたかったのである。

感謝をすると、相手は、愛されている、望まれている、そして必要とされている、と感じ、自分は大切な人間なのだと思うのである。

職業調査を見てみると仕事の不満の原因には、感謝不足が他のどんな原因よりも大きな比重を占めている。

結婚調査を調べてみても、同じように、不幸な結婚の最大の要因は、感謝の気持を表わすことができないことにあるようだ。

人間というものは、他の人々の尊敬を得ない限り、ほんとうに幸福になることはできない。みんなとうまくやっていきたいと思うなら、人は皆、このエゴを持っていることを忘れないこと。感謝のひと言によって、他の何ものもできないことを達成することができるのである。

香りのあるうちに花を贈ろう　家族からほとんど感謝もされずに、苦労して家族のために働いていた女性の話を紹介しよう。

ある夜、彼女は夫に尋ねた。「ねえピーター、もし私が死んでしまったりしたら、きっとたくさんのお金で花を買ってくださるわね」

「もちろんだよ、マーサ。どうしてそんなことを訊くのかね」

「その時には、二〇ドルの花輪も、私にとっては、何にもならないんじゃないかと、今思ってたのよ。でも、私の生きている間に、ときどき一輪の小さな花を下されば、それはとても大きなことだわ」

マーサのこの言葉は、あなたのまわりのたくさんの人たちが心の中で望んでいる気持を表わしてはいないだろうか。「ときどきの、小さな一輪の花」は、人々に生きていることの喜びと限りない希望を与える。

なぜ心臓がとまり、目が見えなくなり、耳が聞こえなくなるまで待つ必要があるのだろう。

今すぐ、喜ぶことのできる間に、どうして花を贈らないのだろう。花束を作って贈る方法はたくさんあるが、ここに幾つかお教えしよう。

賞賛の花束を贈りなさい　フィリップ・ブルックスは、同じことをこう言っている。「少しでも良くできたことに対しては『良くできた』と言って、努力に報いてやることです。そうすると、考えられないほどのエネルギーを引き出せます。ですから、あなたも寛大にほめてあげてください」

大学で行なった実験の例である。まず学生たちを三つのグループに分けた。そして第一のグループには賞賛と勇気づけが行なわれた。第二のグループは全く無視された。第三のグループには批判だけが与えられた。その結果、最も進歩の見られなかったのは、無視されたグループであった。批判されたグループは少し進歩を見せたが、ほめられたグループは、驚くほどの進歩を遂げたのである。

なぜ言わないのか?　クラスでは、いつも生徒たちに、他人をほめる練習をさせている。ひとりずつクラス全員の前に立たせて、他の人のことをほめさせるのである。

これは全員を愉快にするだけでなく、人間というものの特色をよく示してくれる。友人に自分のほほえみをほめられた一人の生徒は、こう言った。「ぼくは彼と十五年間つき合っていますが、彼がぼくのほほえみに気づいてほめてくれたのは、今度が初めてです」

こういう花が、何本贈られないままになっているだろうか。また幾つの賞賛の言葉が、表現されないでしまわれているだろうか。すばらしい人だと思い、尊敬しているのに、まだ一度もそれを言ってあげていない人が何人いるだろう。

なぜ言ってあげないのか。

どうして、ほめる練習をしないのか。

他人をほめる方法を、どうして見つけ出そうとしないのか。実行する時は、次の提案事項を心にとめておきなさい。

一、真剣であること。でたらめを言って、ほめてもだめだ。真剣であることは、他人の良い点、長所を見つけることである。真剣にさがせば、必ず見つかる。

二、具体的に言うこと。「親切」だとか「良い人」だとか言ってもだめだ。親切なところ、良い点を具体的に指摘することが大事である。

三、その人自身よりも、その人の行動をほめること。そのほうが真剣なやり方であり、ずっと意味がある。その上、第三者が居心地の悪い思いをしないですむのである。

けれども、何よりも大切なことは、**それを口に出して言うことである。**ほめる練習を積み重ねよう。恥ずかしがらないで始めなさい。

思いやりの花束を贈りなさい　意気消沈していたユーゲン・フィールドは、ある日レストランにはいっていった。忙しそうなウェイターが小走りにやって来て、料理がたくさん並んでいるメニューを広げた。それを見ると、フィールドは悲しそうに見上げて言ったものだ。「ああ、私が欲しいものは、この中にはないのだ。私の欲しいものは、一つのオレンジと暖かい言葉なのだ」

相手が自分は重要な存在なのだと思うためには、ほんの少しの思いやりと、暖かい言葉だけで十分である。

ラルフ・ワルドー・エマーソンは言った。「指輪や宝石は贈物ではない。それは本当の贈物の言訳にすぎない。唯一の贈物はあなた自身のひとかけらなのだ」

あなた自身の暖かい二、三の言葉によって、他人に思いやりをあげることができるのである。

記憶の花束を贈ろう　人のことを覚えておこう。必要に応じて「友人に関する事実」という小さなノートを用意しよう。友人、同僚、近所の人、親類の人などについて書き記してみなさい。聞いて覚えておきたいのは、誕生日、記念日、子供の数と名前、趣味などである。

あなたが覚えていてくれたのだ、と知るだけで、相手は自分が重要な人間であると感じるのだ。

良いうわさの花束を贈ろう　人間はゴシップが好きである。悪いことも良いことも、うわさになって広まっていく。良いことばかり言うのならゴシップも罪ではない。

人のことを良く言うようにしよう。具体的に良い所をさがすのだ。そのうわさはまわりまわって、必ずそのうわさの人に届く。すると、それを聞いた時、その人は自分が重要な人間であると感じるのである。

関心の花束を贈ろう　人に関心を持ちなさい。そしてその人について、いろいろと気をつけるようにしよう。人は自分のことだけを考えて時間の九〇%を過ごしている、と言われている。

その時間のほんの一部を、ほかの人に向けてみてはどうだろう。

何かしてあげることはないか、気をつけることはないか、と思いながら他人を見直してみよう。

人から注目を浴びるかわりに、注意を人に向けていることによって、人間性は倍も魅力あるものになる。

まとめ

感謝を表わすことで、ほかの人の人生を花でいっぱいにすることができる。庭はあなた自身でいっぱいで、いくら摘み取っても、なくなる心配はない。あげればあげるほど、どんどんと育っていくのだから。

さて、ここにあなたが贈ることのできる五つの花束がある。これらは受け取る人の心に新しい感情を引き起こすだろう。

一、賞賛の花束
二、思いやりの花束
三、記憶の花束
四、良いうわさの花束
五、相手に対する関心の花束

【規則2】　礼儀正しくすることによって、相手に自分が重要な人間であると感じさせること。

有名な豪商ジョン・ワナメーカーは「正しい礼儀というのは〝お金と同じだ〟使いすぎてもいけないし、またけちけちしてもいけない」と言った。この原則を守ったおかげで、ワナメーカーは富と名声を得たのである。

「紋章と騎士道のすべては、礼儀正しさの中にある」とエマーソンは書いている。

以前、有名な著者で講演家でもある人物が町へ来た時に、私の友人が案内役を努めた。友人はまず空港にその人物を迎え、車を用意して案内し、数時間を共に過ごした。

「その人のどこが最も印象に残っているかね」と私は友人にたずねた。「彼がドアをあけて、先に通るように静かに私の肩を押してくれた時だね。その礼儀正しさはすばらしかったよ」と友人は答えた。

ニュース解説者のポール・ハービー氏と会った時のことである。その時のハービー氏との会話は、もう忘れてしまって覚えていないが、空港ターミナルでのハービー氏の優雅さと礼儀正しさは、いつまでたっても忘れられない。

ハービー氏がウェイトレスと話をかわした時のことである。メニューに載っていないものを注文したハービー氏は、ウェイトレスに「お嬢さん、私の注文が手のかかりすぎるものだったら悪いですから、そう言ってください。取消しますから」と言った。

もちろん、ウェイトレスは喜んでこの注文を持ってきた。この女性は大勢の人々の給仕をしているだけに、このように礼儀正しく、そしてていねいに扱われることは、たいへん新鮮なことだったのだろう。気持の良いことであったに違いない。

なぜ礼儀正しくするのか

私はある時、中西部から出てきたふたりの友人と一緒に昼食をしていた。この友人たちはふたりとも、その少し前にニューヨークから帰ってきたところだった。

経験談を交えながら話している時、ひとりがこう言った。「ぼくはニューヨークに住むのだけは絶対いやだな。たくさんの人間がいつも押したり、突き飛ばしたりしている。礼儀正しい人間には、ひとりも会わなかったよ」

この友人は早く出発しなければならなかったので、私たちふたりを残して先に帰っていった。彼が立ち去った後で、もうひとりの友人が言った。「ぼくのニューヨークの印象は全く違うよ。さっきは反論するのもどうかと思って言わなかったんだけど、ぼくがニューヨークで一番印象に残ったことは、人々の礼儀正しさだったんだ。みんなとても親切でね。忙しそうにしている人たちでも、いつもていねいにしてくれたよ」

あとでこの二つの話を思い出して、私はニューヨークの様子と、この二つの印象とはほとんど関係がないことに気づいた。友人のひとりは、卒直に言うと自己中心的で、自分が話をする時は、いつも他人は黙っているべきだと考えていた。また常に、人々は自分に対し、礼儀に欠け尊敬心が足りないと不満に思っていた。この彼がニューヨークでも、いつもと同じ考え方をするのは当然のことであった。

もうひとりの友人は、いつも穏やかで、忍耐づよく、他人に思いやりがあった。だから、まわりの人たちも、いつもそのお返しをしていた。あれほど礼儀正しい彼に、他の人が失礼な態度をとることなど、想像するのもむずかしい。

人間性の特色の中で、礼儀正しさほど、人と交換しやすいものはないと思う。それを他人に差し出せば、必ず返ってくるのだ。そして相手の気持を良くするのだ。また、相手に自分は重要な人間なのだという気持を起こさせる。実のところ、失礼に扱われることほど、人間のエゴをひどく傷つけるものはない。相手に接するとき礼儀を失すれば、相手の戦闘的な気持と敵意を引き起こすことになる。

第一印象は最初の十秒間　他の人があなたの言うことを信じるかどうか、あなたの言うとおりに行動するかどうかには、出会いの最初の十秒間が最も大切な決め手となる。人間は初対面ですぐに何らかの印象を持つ。悪い印象を取り除くことほどむずかしいことはない。サミエル・ゴールドウィンはこう言っている。「第一印象の与える影響は、たいへん重要な意味を持つことが多い。何年たっても、人は初対面の時に礼儀正しかったか不作法であったか、また上品であったかどうかを覚えているものである」

だから、礼儀正しければ、あなたは他の人と暖かく親しみのこもった関係を築くことができる。礼儀正しさこそ「良い第一印象を保証」するのである。

礼儀正しさについての三つの規則　私たちはみんな、生まれつきいつも礼儀正しくしていることに対して、何らかの恐れをいだいているように見える。それは、あまり他人に配慮をしすぎると、相手から利用されるのではないかという心配があるからかもしれない。とにかく、いつも礼儀正しくしていることは、むずかしいことである。

さて、ていねいな態度をとって、相手の人にほんとうに自分は重要な人間なのだと感じさせるためには、次の三つの規則を守ることが大切である。

一、ほほえみなさい。「お願いします」とか「ありがとう」と言う時に、ほほえむことを忘れないように。相手に道を譲って横へ寄る時にも、ほほえみなさい。何か小さな事をしてあげる時も、いつもほほえみなさい。そうすれば、相手はあなたが喜んでそうしていることがわかるだろう。

二、明確にしなさい。ていねいな言葉をはっきりと言おう。口の中で「ありがとう」とブツブツつぶやいても意味がない。はっきりと元気に発音して、本気であることを示しなさい。

三、相手の目を見なさい。礼儀正しくするのは恥ずかしいというように、床を見たり宙をにらんだりしないこと。相手の目をまっすぐに見つめなさい。誇りを持って礼儀正しくすれば、ずっと効果が上がるのだ。

礼儀正しさの訓練をしよう　礼儀正しいということは、説得力のある人間が持つ第二の特徴である。高圧的で不遜な人間と、魅力的な人間の違いである。

礼儀正しさは他の人に対する配慮である。それは、他の人に自分は重要な人間なのだと感じさせるための第二の規則である。

【規則3】　相手の名前を使うことによって、相手に自分は重要な人間であると感じさせること。

人間は風船のようなものだ。自分の名前を聞いたり見たりするたびに、空気がシューッと注入されて、ふくれ上がるのと同じである。

ギリシャの戦士アキレスをご存じだろうか。彼の致命的な弱点はただ一つ、かかとであった。そのかかとに矢が当たって、そのためにアキレスは死んでしまったのである。

人間はみんな「アキレスのかかと」を持っている。それは自分の名前である。

自分の名前を見たり聞いたりするために、人間は働くのだ。自分の名前のために努力を払い、お金まで支払うのである。

すべての人の弱点「アキレスのかかと」は名前である。だから上手に相手の名前を使えば、あなたの人間性は新しい力を持つことができるのだ。

ジム・ファーリーは、五万人以上の名前と顔を覚えていると言われていた。どんな場合でも、人の名前を呼べる能力を持っていたため有名になったのである。みんなこれをとても喜んでいた。そのため歴史上、特筆に価する強力な政治機構を作ることができたのである。
人間は自分の名前をつけた企業を作り出すために一生働くのである。

名前を使って感謝を示すこと

私の知っている若い重役に、急速に会社の社長まで昇進した人がいる。彼は会社の発展のために驚くほどの貢献をした。

その結果、競争相手の会社が、高い地位を提供しようと言ってきた。それは彼の会社よりも、ずっと大きな会社だった。この申し出によると、毎年の収入は、彼の会社に居る時よりも何千ドルも多くなるという。

彼は辞職したい、と会社の役員たちに伝えた。そのとき役員のひとりが、すばらしい提案をしたのである。競争相手の会社と同じだけの給料を出すことはとうていできないが、彼の名前を会社の名前に使おうと言い始めたのである。

もちろん彼は辞職するのをやめた。自分の名前が会社の名前として残るのだから、彼が一生この会社にとどまることは確実である。

名前に光を当てよう　人に何か頼みたい時は、その人の名前を使うのが一番ききめがある。ある大きなコミュニティーの企画委員長が、こんな話をしてくれた。彼は委員会のメンバーを集めようとしていた。

そこで十五人の人に電話をかけたが、全員「忙しくて」手伝えないという。「何とかしなくてはなりません。私は、プログラムにその人たちの名前を印刷することにしました。そうして人を集めようとしたんですよ」と彼は言った。

「次は十人の人に電話をしました。そしてプログラムにその人たちの名前を印刷したいと申し出ました。だから私たちの委員会に入ってくれないかと頼みました。すると全員が承知してくれましたよ」

このように、名前を有効に使おう。だれにとっても、自分の名前はたいへん美しい響きを持っている。それは手のひらに宝石を落とすようなものである。これは何回使っても決して飽きられることのない唯一の道具である。そのうえ相手の抵抗力を弱め、敵意をなくさせていく。反対意見をやわらげるのである。これこそ、人に自分は重要な人間なのだと気持よく感じさせる方法である。

名前の覚え方　大抵の人は、名前を覚えることが、どんなに大切な事かを知っている。それなのに「私は記憶力が悪くて、人の名前が覚えられないんですよ」と言う。
しかし、これはまちがっている。人間はみんな良い記憶力を持っているのだが、ただその記憶の使い方を知らないだけである。次に名前を覚えるために、あなたの記憶力をどう使えばよいのか、簡単な規則をお教えしよう。
一、まず「私は、名前を覚えるための世界一良い記憶力を持っている」と思うことである。
名前が覚えられない、と言うのをやめなさい。忘れるのではないか、と心配するのもやめなさい。まちがった名前を呼んでしまうのではないか、と不安をいだくのもやめなさい。疑い、ためらい、恐れを持っている限り、結果もその通りになってしまうからである。
二、名前を覚えることに喜びを感じなさい。だれかが、名前をひとり覚えるたびに一〇〇ドルあげると言ったら、覚えることは決してむずかしいことではなくなるだろう。その一〇〇ドルをもらうために、たぶん表《おもて》に出て、知らない人の名前を覚えようとさえするだろう。

人間は覚えたいことだけを覚えるのである。だれもほんとうに一〇〇ドル払ってはくれまいが、名前を覚えてやれば、別待遇、高い評価、賞賛など、たくさんのお返しをしてくれるだろう。だから、楽しんで名前を覚えてみてはどうだろう。

三、名前は正しく覚えなさい。次のような問いは、相手の耳には音楽のような響きを持つ。

「恐れ入りますが、もう一度お名前を聞かせていただけますか」

「お名前はどう書くのでしょうか」

「あなたのお名前の読み方は、これで正しいのでしょうか」

相手にとって、自分の名前はたいへん魅力があることを忘れないこと。名前について話されることは、嬉しいことなのだ。正しく覚えるために、聞き返すことをきまりわるがってはならない。

四、すぐに名前を三回繰り返してみなさい。実験によると、あることに出会ってから一時間以内に、それを覚えるか忘れるかが決まるそうである。だから、名前を聞いたら、すぐ少なくとも三回繰り返しなさい。それから、できるだけたくさんの絵と関連づけて、その記憶をとどめるようにしなさい。つまり、どこでその人に会ったか、その名前から何を思い出したか、そして、その名前自身を「絵画化」することが大切である。

もちろん、何よりも重要なことは、練習を繰り返すことである。名前を覚える練習を何回もしなさい。

次のことを忘れないこと

【規則3】 相手の名前を使って、相手自身に自分が重要な人間であると感じさせること。

ここに名前を記憶するためのガイドをあげてみよう。

一、名前が覚えられない、と言うことをやめること。自分には名前を記憶する能力があるのだと信じなさい。

二、人の名前を覚え、口にすることを楽しむようになること。それがどんなに役に立つかを思い出しなさい。

三、正しく名前を覚えること。必要なら、それについて質問もしてみること。

四、聞いてから二、三分以内に、三回繰り返してみること。

相手自身に自分は重要な人間なのだと感じさせる術を学ぶ方法は一つしかない。

それは練習を繰り返すことである。

自分自身を印象づけたいと思っている人だけを選んでやってみても、少しも練習にはならない。すべての人が、自分は重要な人間であると悟り、そう感じるようになった時、その術を習得できたと言えるのである。

一杯のコーヒーを運ぶウェイトレス、エレベーターガール、店員、上司、隣りの人、町ですれ違う他人、ゴミ集めの人、オフィスの守衛、新聞配達の少年、教師、牧師、散髪屋、郵便屋、このような人々すべてが、大切な価値ある人々である。自分が重要な人間であることを感じてもらわなければならない人々である。

さて、あなたは規則を一通り読み終えたのである。この規則を生かすのも殺すのも、あなた自身の力にかかっている。

これから二十日の間、出会うすべての人に対して、この規則の練習をしてみなさい。

あなたの人生が、全く新しい経験でいっぱいになることを約束しよう。

もう一度、ここに規則をまとめて書いておこう。カードにこれを写しとって、これから二十日間繰り返して読み、毎日練習しなさい。

人生に刺激を与え、方向づけるのは、重要な人間になりたい、という欲望である。この規則は、その気持を起こさせるために使えるものである。

一、感謝することによって、相手に自分は重要な人間であると感じさせること。

二、礼儀正しくすることによって、相手に自分は重要な人間であると感じさせること。

三、相手の名前を使うことによって、相手に自分は重要な人間であると感じさせること。

グループ・ディスカッションのための質問

○あなたが、相手に「その人が重要な存在である」と思ってもらいたい人は誰ですか。それはなぜですか。

○あなたは「その人が重要な存在である」と思ってもらいたい人に感謝の意を表すとしたらどのようにしますか。その方法について、いくつか具体例をあげてください。

○あなたが感謝の意を表したいと思っている人をほめるとしたら、どのように言いますか。その時に、どのような点に気をつけますか。

○他人をほめる時に気をつける三つの提案をこの章ではしていますが、それは何ですか。

○あなたはその三つの提案を実行した体験がありますか。それはどんな場合でしたか。

○あなたは、礼儀正しくすることによって、相手に自分は重要な人間であると感じさせた経験がありますか。あなたは普段から礼儀正しい方ですか。それともその反対ですか。なぜそうするのですか。

○あなたは相手の名前をよく憶える方ですか。相手の名前を使って、相手に自分は重要な人間であると感じさせた経験がありますか。それはどんな時でしたか。どんな結果になりましたか。

8 一歩ひいでる心構え

ミカエル・ファラデーは電動モーターを発明した時、当時の英国首相ウィリアム・グラッドストーンの興味を惹きつけて、支持を得たいと思っていた。

そこでファラデーは粗末なモデル——磁石のまわりに小さな電線を巻きつけただけのもの——を持って、グラッドストーンに会いに行った。けれどもグラッドストーンは、この発明に全く興味を示さなかった。

「これのどこが、そんなにいいのかね」とグラッドストーンはファラデーに訊いた。

「いつの日か、あなたはこれに課税することができるからです」これが偉大な科学者の答えであった。こうしてファラデーは行動を起こさせるカナメとなるものを使って望みを達し、努力も報いられたのである。

これが第四の、そして最も強力な説得のための戒律である。

〝相手の見地に立って語ること〟

人は自己の理屈に従って行動するものである。これは大切な、忘れてはならない事実である。人間は自己の理屈に従って行動するのであって、あなたの持つ理屈で行動するのではない。

ファラデーはこれを知っていたのである。彼の発明は、自分の汗と努力と才能の結晶であった。それのどこがいいのかと訊かれた時、もし彼が自分の持つ夢や、役立つと思われる使い方、その発明の持つ潜在的な力などを語ったとしても、だれも彼をとがめはしなかったであろう。

しかし、それはあくまでも彼自身の見解にすぎなかった。したがってそれを説明してみても、皮肉に解釈されれば、何にもならないことを彼は知っていたのである。

けれども「いつの日か、あなたはこれに課税できるのです」という答えは、政治家の言葉であった。グラッドストーンはこの言葉によって、なぜその発明に関心を持つかについて、自分自身の理由を見つけたのである。

これこそすべての偉大な指導者、説得の上手な人の秘訣と言えよう。人が行動を起こす背後の理由を、この人たちは理解している。相手の利益という見地に立って考え、語り、行動しているのだ。

他の説得の戒律を守らなくても、うまくゆくことがあるかもしれないが、このルールだけは忘れてはならない。このルールはTNT、つまり説得のダイナマイトとも言うべきものである。

この規律こそ、上手な説得の真髄である。このルールを無視すれば、あなたの人間性から説得を奪ってしまうことになる。

人間は子牛のようなもの

ラルフ・ワルドー・エマーソンは、哲学、歴史、詩などの分野では偉大な人物だったが、雌牛を納屋に押し込む術については、ほとんど何も知らなかった。ある日、彼はこれをしなければならないことになった。

息子のエドワードが子牛の首に腕をまわして引っぱり、エマーソンは後ろから押すことにした。力を入れれば入れるほど、子牛は言うとおりに動いてくれない。

エマーソンの顔はだんだん赤くなり、汗が吹き出し、手にも服にも牛の臭いがこびりついてきた。堪忍袋の緒が今にも切れそうになった。

そこへちょうどアイルランドの召使いの小女が通りかかった。彼女は優しくほほえみながら、小牛の口の中に自分の指を差し込んだ。すると、この母性的なしぐさに導かれて、小牛はおとなしく納屋の中についていった。

エドワードは苦笑いをした。しかしエマーソンは、いま目の前に見た教訓にショックを受けてじっと考え込み、立ちつくしていた。彼は雑誌にこの出来事を書き、こう言ったのである。「私は有能な人が好きだ」

人間は子牛のようなものである。どなっても、押しても、動かないかもしれない。しかし、納得できる理由を一つ与えてみなさい――得をする方法もその一つ――そうすれば、おとなしく従うのである。

これは政治集会にやって来た農夫と同じである。そこでは、どうやったら、人間をもっと働かせることができるかについて意見が交わされていた。一時間ほどその討論を聞いてから、ひとりの農夫が立ち上がり、こう言ったのである。「おれは人間のことや政治のことはわからない。が、おれたちが牛をおりに入れようとする時は、どの飼料を使うのが、いちばんいいかを話し合うよ」

人間に何かをさせようとする時も、飼料——つまり相手の利益——の観点から話をしなくてはならないのである。

この戒律の使用法

ほんの少し練習をするだけで、このルールをあなたの性格の中に取り入れることができる。この強力な説得の要素を身につけるために、覚えておかなくてはならないことが四つある。それは次のことである。

一、事実対意見
二、事実と利益
三、あなたの「ＢＢ」銃を使うこと
四、ダロウの秘訣

一、事実対意見

あなたがだれかに、ある行動をとって欲しいと頼む時、たいてい事実か意見かのどちらかを表現しているものである。

さて、単純なそして残酷な真理を申し上げると、あなたの意見はほとんど意味がないのである。他方、事実は大きな意味を持っている。人はあなたの意見によっては、簡単には動かない。反対に、上手な説得の原点は、事実にある。

たとえば、車のセールスパーソンが「これはとても経済的な車ですよ」と言っても、これは単なる意見にすぎない。「売込み口上」と解釈されるだけである。

けれども「最近この車種百台を道路テストした結果によると、一リットルのガソリンで、平均一四キロ走りました」と言えば、これは事実である。お客はこれを受け入れ、考慮に入れるだろう。

また、あなたがＰＴＡのメンバーを集めようとして、こう言ったとしよう。「これはとても良い組織ですよ。一、二を争うＰＴＡだと思います。ですから父母の方は、皆さん参加してください」。これでは、あなたの意見である。影響力もあまりないだろう。

しかし、次のように言えば、これは事実であり、ずっと意味を持ってくる。「このＰＴＡの父母数は二百二十八人です。一年に四回会合を開きます。火曜日の夜です。この会合では、教育の問題点、教師と父母の関係、新しい学習法、児童心理学などを取り上げます」

だから、あなたが説得する立場に立った時には、自分の意見ではなく、事実を体系的にまとめることが大切になる。

二、事実と利益の違い

しかし、事実をあげるだけでは不充分である。事実が説得力を持つためには、利益に結びつける必要がある。簡単に言うと、事実を述べる時は、その事実がどのように相手の利益になるかをいつも説明しなさい、ということである。

ある時、私はこの原則を知っているセールスパーソンに説得されて、船外発動機を買ったことがある。

初め私は、出来心で小さなモーターに興味を持ち、三つの展示室を見てまわった。セールスパーソンたちは皆、次のような言い方で、意見や事実を述べた。

これはスーパー・コンウェーで五馬力のツインです。三ポート、回転バルブ、交互発火パワーヘッドの組合せで、ピストンの排気量は八・八四立方インチです。キャビュレションはフル・レインジ・タイプで、フロート室、混合室、スロットル・バルブ、混合気調節、ニードルそれに吸入マニホルド接続部から成っています。とてもよく出来たモーターです。

たしかにすばらしいモーターだったのだろう。けれども私は、説明された事実が理解できなかったから、この話は、私には何の意味も持たなかった。つまり、利益につながっていなかったのである。

しかし、四人目のセールスパーソンの説明は違っていた。

ご存じのように、モーターを作動させる上で、いちばんよく起こる問題の一つは、ピンを切断した時です。わかりやすく言いますと、これは水底の海草などにぶつかって、モーターの代りに小さなピンが折れることです。〝アスキー5〟では、これが修正されています。海草などにぶつかると、プロペラは止まるようになっています。ということは、釣りがうまくいっているため、次から次へと釣れているのに、三十分も中止して、モーターの修理をしなくてもよいということです。

それにコンクリンさん、〝アスキー5〟は、この種のものの中では、いま世界一よく売れているんです。だからといって、普通ならどうということもないでしょうが、この場合は別です。つまり、アメリカ中の修理工が、このモーターの事はよく知っているんですよ。部品も持ち歩いています。ですから、どこか遠くへ休暇に出かけて修理が必要になった時でも、十分それが受けられるのです。モーター修理のために町へもどったりして休暇をぶちこわす必要はありません。

このとおりまあ、なんという違いだろうか。こんなふうな説得が二十分ほど続いた後、私は車のトランクに新しいモーターを載せて、展示室を出ていったというわけだ。

このセールスパーソンは、事実を述べるたびに、そのことによって、私が得る利益を示し、モーターを買う理由を教えてくれたのである。私の理由を与えてくれたわけだ。

商売やセールスで、こんなことがよく言われている。「お客は商品を買うのではない。お客が買うのは、その商品がお客に与える利益である」

香水を買うのではなく、良い香りを買うのである。

車を買うのではなく、運転する楽しみを買うのである。

スポーツの券を買うのではなく、レクリエーションを買うのである。

花の種を買うのではなく、素敵な花畑を買うのである。

ネクタイを買うのではなく、個性のある外見を買うのである。

ミンクのコートを買うのではなく、特権と美しさを買うのである。

だから、事実を述べて他人の行動に影響を与えたい時は、必ずその人の得る利益を説明することが大切である。これからしばらくの間、繰り返し繰り返し、自分にこう言い聞かせなさい。「事実と利益、事実と利益、事実と利益、事実と利益」。

事実を考える時は、常に相手の利益と関連づけて考えられるように、この簡単なルールを覚えてしまいなさい。

三、あなたの「BB」*銃を使いなさい。

これは「中心的な利益に命中する銃」である。だれにでも、他の利益と比べものにならない大切な利益が、必ず一つはあるものである。これが「中心的な利益」である。これこそ、常に行動を起こさせるものである。これこそ、ねらうべきものなのである。

たとえば、私の知っている医者で、新居に五万ドルをつぎこんだ人がいる。彼の家を訪れると、厚いじゅうたんの上を案内される。そして壁にかけた絵をはずし、誇らしげに壁の隠し金庫を見せてくれる。そもそもこの家を買うきっかけになったのは、この「中心的な利益」つまり壁の金庫であった。そのために彼は五万ドルを払ったのである。

また私は、新しく車を買い替えた知人に、どこがそんなに気に入って、その車を買ったのかと訊いてみた。答えは、外見でも走りぐあいでも、何かの長所でもなかった。

その車を買うことに決めた理由は、鍵をかければ後ろのドアが中からは開かなくなるからだった。運転中に子供たちがドアを開けはしないかという心配が、これでなくなるのである。

今お話ししたような理由は、些細《さ》なことにすぎないように見える。けれども当人にとっては、どれも大事な点である。

だから、人に利益を説明する時には、些細なことを見すごさないように注意しなさい。そして相手の目が輝き、「その点は考えてなかったけど、なるほどすばらしいな」と言わせるようにしなさい。そう言わせるような利点を指摘した時こそ、「中心的な利益」に命中した時なのだ。

いつもあなたの「BB」銃を撃ち続けなさい。これこそ、あなたの持っている中で最も強力な説得の道具である。(註*、Bulleseye Benefit:的をえた利点に命中させることのできる銃)

四、ダロウの秘訣

最も偉大な弁護士のひとり、クラーレンス・ダロウはこう語った。「感情こそが人間をモティベートする(やる気にさせる)最上の方法です。それは知性や常識ではありません」

判事や陪審員を説得する時の最大の秘訣は、ここにあった。「あなたの望みどおりに、判事や陪審員が判決を下すようにしむけるのです」と言う。彼はまず相手の感情に訴え、それから法律的な見地に立って理由を提供したのである。

ダロウは人間が行動を起こすのは論理に従った結果ではなく、感情に従った結果であることを知っていた。

だれでも、自分がこうしたい、と思うから、そう行動するのである。

だから、あなたが語る利益も、相手の感情に訴えることができれば、一層強力なものになる。相手の愛情、好奇心、プライド、冒険心、特技、幸福、所有権、魅力というような感情に訴えることができれば、相手を動かす言葉となる。

一つ例をあげよう。初めてジャガイモがヨーロッパにはいってきた時、フランスの農民たちは、ジャガイモを受けいれることを拒み、フランスの人々は食べるのを拒否していた。

ところが、ここにひとり頭の良い人がいた。その人はジャガイモをよく理解し、農業面での重要性も認め、何エイカーもジャガイモを植えた。

収穫の時期が来た時、彼は畑に次のような立札を立てた。「この土リンゴは貴族の食物として作られたものである。さわったものは、きびしい罰を受ける」

そして昼間は見張番さえいたのである。しかし夜間は見張番はいなかった。すると間もなく、ジャガイモを盗んで食べる人たちが現われ、畑のジャガイモは全部なくなってしまった。その結果、ジャガイモはたいへん人気のある食べ物となり、フランスの人々の間に広まっていったという。

ジャガイモは食べるとおいしいという事実だけでは、人々が食べる理由として弱すぎたのである。この場合、人々は論理によって行動したのでなく、ジャガイモを食べたいという感情によって行動したのである。ジャガイモというのは手にはいりにくいもので、貴族の食べ物だと信じたために、どうしても欲しくなったのである。

第二次世界大戦の時は、多くの物資が手にはいりにくくなった。そのため人々は、長時間長い列を作って、少ししかないタバコを買おうとした。しかしその中には、タバコを吸わない人もたくさんいたという。

別にタバコ会社の宣伝に影響されたわけではない。ただ他の人々が欲しがるものを自分も手に入れたかっただけである。これも感情に従って行動するという一つの例である。

他人の感情を動かすという観点に立って話をすれば、自然と説得力のある話ができるのである。

ここにルイ十一世の熱愛した女性の死を予言した占星家についての話がある。予言どおりこの女性は死んでしまったのである。ルイ十一世は、占星家の予言がこの女性を殺したのだと思い込んだ。そこで王は罰として、この占星家を窓から突き落とそうと謀った。占星家を呼びつけ、こう言ったのである。「おまえは自分を賢く、学識のあるものと言っているが、それでは、おまえ自身の運命を予言してみよ」

王の陰謀を感じた占星家は「陛下、私は陛下がお亡くなりになる三日前に死ぬことになっています」と答えた。そこで王はこれを信じ、占星家の命を大切にすることにした。

この場合、占星家は自分が生き続けなくてはならない理由をすべて語って、命ごいをすることもできた。しかし、そうする代りに、王の生き続けたいという感情に訴えたのである。

ボルテールが一七二七年に英国を訪れた時、英国人の対仏感情は悪化していた。ロンドンの町でも、ボルテールは常に危険にさらされていた。ある日散歩中に怒り狂った市民たちが叫んだ。「彼を殺せ。フランス人を殺してしまえ」

ボルテールはこれを聞いて立ちどまり、叫んだ。「英国人たちよ、私がフランス人だからという理由で、私を殺したいのか。私は英国人でない。このことがすでに十分な罰となっているとは思わないのか？」

これを聞いて英国人たちは歓喜の声をあげ、ボルテールを家まで送り届けたのである。

この場合も、論理から行動したとは言えない。彼らは愛国心という感情から行動したのである。またボルテールも、自分を救うために、自分の理屈ではなく、相手側の理屈を使うほど、賢かったのである。

まとめ

これは上手に説得する人間性を養うための有効な道具である。

説得力のある人は、人間は自分の個人的な理由、理屈によって行動することを知っている。このような理由は、その人の利益となることでもある。

だから、説得力のある人は、次の第四の戒律を守っているのである。

〝相手の見地に立って語ること〟

次の四つのガイドが役立つだろう。

一、自分の意見ではなく、事実を述べること。

二、事実を指摘する時には、必ずその事実が相手にどういう利益をもたらすかを述べること。

三、「BB」銃を使うこと。相手の「中心的な利益」を強調すること。

四、できる限りダロウの秘訣を使うこと。利益と感情に訴えること。

グループ・ディスカッションのための質問

○あなたは今まで、相手を説得するのに事実と意見を分けて話したことがありますか。

○あなたがこれから説得しようとするテーマで、事実と意見を分けるとしたら、どのような事実と意見の内容になりますか。

○あなたは今まで、相手を説得するのに事実と利益を分けて話したことがありますか。

○あなたがこれから説得しようとするテーマで、事実と利益を分けるとしたら、どのような事実と利益の内容になりますか。

○あなたが説得する内容で、相手の利益の中でも最も大切な点、すなわち「中心的な利益」は何になると思いますか。

○ダロウは「感情こそが人間のやる気を起こす最上の方法です」と言っています。あなたはどのような方法で相手の感情を動かした体験がありますか。その場合、どんなことが起きましたか。これからはどのような方法で相手の感情を動かしますか。

9 人を動かす

ベン・フランクリンは、アメリカ史上でもっとも説得力のあった指導者のひとりであったと言われている。

彼の卓越した説得能力を知るためには、次にあげる自叙伝の抜粋が参考になると思う。

「人の賛成と協力を得ようとして、私は幾たびか反感やちゅうちょにぶつかってきました。しかし、そこから私は次のことを学んだのです。それは自分を人よりも優位に立たせてしまうような有益な企画を提案し、それを実行に移す時のことです。その企画を行動に移すには、どうしても他人の援助が必要です。しかし、自分がその企画の提案者であることを公開するのは適当ではないということです。そこで私はいつも、できるだけ自分自身を隠し、その企画はたくさんの友人の企画であるというようにしました。……このような方法によって私の仕事は円滑に運ぶようになり、その後はいつも、一歩ひいでた企画を提案する場合には、同じ方法を用いました。私のたびたびの成功の経験から、心よりこの方法をおすすめしたい」

あなたもフランクリンになろう

ベン・フランクリンは自分を隠した。「自分がその企画の提案者であることを公開するのは適当ではない」と感じたので、自分を隠したのである。

言いかえると、他人を引きずり込んだわけだ。自分を隠し、他人を引き入れたのである。彼は「有益な企画を提案し、それを遂行するにはどうしても他人の援助が必要だが、その提案によって自分が人よりも優位に立つ時は、他人は協力してくれないということを知っていたのである。

フランクリンは説得力のある人間になるための第五の戒律を守っていたのである。

〝人を行動に介入させること〟

人を巻き込まなくてはならない。自分たちもその一部なのだ、と感じさせることが必要である。行動に影響を与え、協力を得るには、それが必要である。

人を行動に引っぱり込むためのこの戒律を守るのに役立つ五つの方法がある。これはすべて簡単に守れるもので、強い説得力がある。

【方法1】「あなた」または「私たち」を使うこと。

「私」という言葉をやめて「あなた」または「私たち」を使いなさい。

ここで著名な音楽家の話をしよう。有名な教会で、すばらしいオルガン・コンサートを開いていた時のことである。休憩時間に音楽家は伸びをしたくなって、オルガンの後ろにまわった。そこには、年とった男がパイプをふかし休んでいた。老人は大きなオルガンに空気を吹き込む仕事をしていたのである。

老人はにっこりして、「私たちのコンサートは、たいへん成功しているようだね」と言った。

この言葉は天才音楽家の気にいらなかった。そこで彼は「『私たち』っていうのは、おかしいじゃないか、おじいさん。芸術家は僕なんだよ。コンサートを開いているのは、この僕なんだ」と言ったのである。

彼は再びオルガンの前の椅子にすわった。観客も席につき、場内には静けさがもどった。彼が両手を高くあげ、次の曲をひくためにポーズをとると、場内はシーンと静まり返った。彼は勢いよく手をキーの上にたたきつけた。

けれども音が出ない。

もう一度キーをたたいてみた。しかしやっぱり音はしない。

彼は立ち上がると、オルガンの後ろをのぞき込んだ。そこには、あの老人がパイプをくゆらして、まだ休んでいたのである。

音楽家はすべてを理解し、にっこりして言った。「君の言うとおりだ。『私たち』のコンサートだったね」

「私たち」という言葉が、こんなに大きな違いを生むのだ。音楽家が「私」と言った時、彼ひとりがすべての栄誉を独占し、あの老人を全く無視していたのである。

けれども「私たち」と言った時、あの老人もショーの一部になったのである。彼は自分も観客を喜ばせているのだと信じていた。だからこそ、相手の一部は自分のものだと思っていたのである。自分もその相手を共有していると感じさえすれば、すべてを与えるのである。

人々を仲間に引き入れるために「私たち」と言うこと　世界的に有名なコントラルト歌手マリアン・アンダースンはこう言った。「人がその一生ですることのうち、何ひとつとして全く自分ひとりだけでできるものはない、と気づいた時、『私がこれをしたのだ。私があれをやったのだ。私が、私が』と言わなくなるのです」

あなたの人生で、全くあなたひとりだけでできることなどは、何一つとしてないのである。人がしたことは小さなことに見え、つまらないことに見えるかもしれない。しかし、他人がいなければ、あなたはオルガン奏者にはなれない。ショーは続けられないのである。

だから、マリアン・アンダースンの忠告に耳を傾けなさい。「私が、私が」と言うのはやめて、他人に協力してもらいたい時には、すべて「あなた」「私たち」を使うようにしなさい。

【方法2】　相手に、それは自分自身の考えなのだと思わせること。

カール・ルーサーはアメリカのある大企業のセールス・トレーニング・ディレクターをしていた。彼は世界中をまわって、社長や幹部の仕事を助け、その数は五万人以上にのぼっている。

そしてカールは、三百人のトップ経営者が作っている組織の会長に選ばれた。カールがなぜそれほど上手に人々に仕事をさせることができたのかを知るには、彼の働きぶりを見るのがいちばん早道である。

彼がその組織の会長を務めていた時のことである。カールの指揮のもとに、それまで考えられなかったほどアイデアいっぱいの、革新的なプログラムが企画された。

しかし実際のところ、カール自身は何一つアイデアを持っていたわけではない。彼はアイデアを提案してくれる人に出会うまで、次から次へとグループのメンバーに質問をし続けたのである。そして自分の考えと同じ考えの人に出会うと、「それは良い考えだ！　やってみよう」と飛びついたのである。そして、その考えの実行は、その提案者に任せた。

「介入させることだ」とカールは言う。「協力を得るには、相手を介入させることが必要なのだ」。グループのメンバーは、このようにして自分自身の考えを実行に移していったのである。

五十と百の規則　人は他人のアイデアを実行するためには、五〇％の努力と協力しかしない。しかし、、、自分自身のアイデアに対しては、一〇〇％の努力と協力を惜しまないのである。

人にそれはその人自身の考えなのだ、と信じ込ませるのは、それほどむずかしいことではない。ただその考えのほんの一端を示してやるだけで、相手はそれは自分の考えなのだ、とすぐに言い始めるものである。

そのためには、次のような質問をしてみなさい。

「これをどうやったらいいか、君の意見を聞きたいのだが」

「いま考えていることを実現するのには何を使ったらいいか、何か良い考えはないかね？」

「ある人は、こうすればいいと言ったが、君はどう思う？」

この場合、相手はほんの少しのアイデアを出すだけでよい。あなたはすぐそれをとらえて、「それは良い考えだ。君の言うとおりにしよう！」と言えばいいのだ。

これだけで一〇〇％の協力と努力を得ることができる。これだけでカール・ルーサーの言ったように「相手を介入させる」ことになる。

【方法3】　あなたのために相手にしてもらうこと。

五十がらみの未亡人グレース・トンプソン夫人は、立派な住宅街にひとりで住んでいる。この夫人が次のような話をしてくれた。

「隣りの小さな家に、ひとり住まいの婦人が引越してきました。新しい友だちをつくるすばらしいチャンスだと思い、温かいごちそうを作って、持ってゆきました。また一匹の小犬を家の中が片づくまで二日間、あずかってあげました。ずいぶんいろいろ努力して彼女を喜ばそうとしました。それからも毎日、新鮮なお料理を作って届けてあげたり、買物もしてあげたりしました。近所の人たちに紹介するために、お茶の会なども開いてあげました。

ところが二、三日たつと、彼女は私にとても冷たい態度を示し始めました。六週間ほどたったころには、私のことがきらいなのだと思わないわけにはいかなくなりました。

そのころ私は病気になったのです。私は彼女に電話をし、食料品の買物をしてもらえるかどうかたずねました。そうしたら彼女は買物をしてくれたばかりか、雑誌まで持ってきてくれました。また、私の食事を作ったり、暇な時はほとんど側にいてくれました。それ以来、私たちはいちばん仲のよい親友になりました。

私は、それまでどうして友だちになれなかったのかがわかりました。あまりにも彼女の世話を焼きすぎていたのです。彼女が私に何かしてくれるチャンスを少しも作ろうとしなかったのです」

相手にしてもらうことは、こちらも相手にしてあげることになるのである。

あなたが相手を行動に介入させたければ、相手があなたのために何かすることができるようにしてやることが大切である。何かをあなたに与えられるようにしてやるのである。

トム・グラントは、大企業への販売で、年間四万ドル以上を得ている。トムの話では、だれかにお昼をおごることなど、めったにないという。トムが言うには「ほんとうに相手が買う気なら、お客さんでも食事代を払ってもらう」そうだ。「昼食でビジネスは買えないということがわかったんだ。もし昼食でビジネスが買えるのなら、同じように失うこともあるということになるだろう。お客はぼくに負い目を持ちたくないのだ。むしろ時には、ぼくに何かしたくてしかたがないのさ。そうすれば、私がお礼にサービスしてあげても、お客は負い目を感じないですむから、喜ぶのさ」

相手を行動に介入させたければ、相手があなたのために何かできるようにしてやることである。

【方法4】 相手をショーに参加させること。

夕方帰宅すると、一年生の娘が自慢そうに、私に言った。「パパ、すごいのよ。学校で私、メッセンジャーに選ばれたの」

「そりゃ素敵だね、ジュリー。それで、メッセンジャーって何をするの」と私は訊き返した。

「私たちのクラスから、メッセージを全部、校長先生のお部屋まで届けるのよ」

彼女はこのショーで重要な役をもらったために、学校への興味がずっと大きくなったのである。

私たちは皆、学校で先生に仕事を割当てられて喜んでいたあの遠い日から、それほど変わっていない。

好きだから買う　旧式の商店では、カウンターでお客と商品を仕切っていたのをご存じだろうか。商品販売で最も画期的な変化といえば、お客の手に商品をわたすようになったことである。お客も販売活動に一役買っていることを感じるようになったのである。

ユナイテッド・ステーツ・ラバー・カンパニーの重役ドック・シェアラーは、タイヤの販売法を教えるために、毎年タイヤのディーラーを訪ねて、何千マイルも旅行をしていた。

デモンストレーションの一つとして、彼はいつも床にタイヤを立てて置いておく。そして話をしながら、そのタイヤを客のほうに軽く押し転がしてやると、お客はそのタイヤを受け止め、タイヤを押えたまま、そこに立っていることになる。こうすることによって、お客はその場面に構成員の一人として参加するのである。

ドックは「商品を客の手にわたさなくてはいけない」と忠告している。

何かを相手の手にわたしなさい。何かすることを与えてやりなさい。何かの役を与えなさい。

次のことを忘れないこと。人々の協力を得たいなら、人々を観客の中から引きずり出して、ショーに参加させなさい。

【方法5】　相手に名誉を与えること。

ハーバート・ハンフリーが米国の副大統領に選出された時、上院に空席ができた。後継者を任命するのは、ミネソタ州知事のカール・ロルバーグの権限だった。

ところがロルバーグは、ハンフリーが推す人物を任命するだろうといううわさが流れ、新聞もそう報道した。自分の職務が侵害されるといううわさに悩まされたロルバーグは、「私はワシントンからの行進命令は受けない」という言葉を残して休暇に出かけてしまった。

ロルバーグが帰ってきた時、ハーバート・ハンフリーは自分の州の七千人の人々の前に現われ、記者団に言った。「私はカールに何をしろと命令する立場にはないことを知ってもらいたい。カールは今その職務についているのだ。カールのほうで、私にすべき事を命令してくれるかもしれないが、私ははっきり言っておくが、彼に命令はできない」

なんというすぐれた外交手腕であろう。ハンフリーはロルバーグが自分の上に立って職務を遂行していることをはっきりさせ、その名誉をロルバーグに与えたのである。

他人を介入させたいのなら、ショーを演じているのだという名誉を与えなさい。その人たちがいなければ、ショーは続けられないのだと思わせることが必要である。

オフィスを運営しているという名誉は、あなたの秘書に与えるべきである。またビルの管理が良いのは、守衛のおかげだと言うべきである。こういう人々に、ショーの中で重要な役を与えることが大切である。生きがいとなるような責任を持たせてやりなさい。

また子供たちには、部屋が片づいていることをほめてあげなさい。上役には生活を保証してもらっていることを感謝しなさい。お客に対しては、あなたに仕事を与えているという名誉をあげなさい。

いつでも、できる限り相手のしたことに対して名誉を与えてやることが大切である。

まとめ

ベン・フランクリンが他人の協力を得ていた秘訣は、説得力のある人間になるための第五の戒律にあった。

〝他人を行動に介入させること〟

この戒律を守るために、次の五つの方法がある。

一、「あなた」または「私たち」を使うこと。（私と言わないこと）

二、相手に、それは自分自身の考えなのだと思わせること。

三、相手に、あなたのために何かをしてもらうこと。

四、相手をショーに参加させること。

五、相手に名誉を与えること。

グループ・ディスカッションのための質問

○あなたは今まで「私は」という言葉を使わず「われわれは」という言葉を使ったことがありますか。それはどんな時ですか。

○あなたは今まで、相手を巻き込んで何かをした経験がありますか。それはどんな時でしたか。どんな結果がありましたか。

○これからの仕事で「人を行動に介入させること」を実践できる可能性の高いプロジェクトには何がありますか。その仕事がうまくいく理由は何ですか。うまくいかなくなる場合は何が原因ですか。

○あなたは今まで、自分でやったことでも自分でやったとは言わず、相手に花を持たせたことがありますか。それはどんな場合でしたか。どんな気分がしましたか。

○あなたは今まで、自分のアイデアでも自分が考えたとは言わず、相手のアイデアだと思いこませた体験がありますか。

○あなたは今まで、相手に名誉を与えたことがありますか。その時に相手はどんな気持ちになったと思いますか。あなたはどう感じましたか。

10 風の中に寄りかかること

位置について！　用意！　ドン！

スターターのピストルが鳴った。私は勢いよく地面から手を放し、八八〇ヤードに向かって突進した。最後のラインまで、どうしても走りきらなくてはならない。

一九三八年の春のことだった。当時私は高校三年生で、この地域レースで勝てば、州の最終決勝に出場できるのだった。

しかし、私のスタートは遅れてしまった。身体をまっすぐに起こした時、強い風が私の足並みを乱したのである。第一のコーナーで、すでに私は六位に落ちていた。バック・ストレッチを走っている時も、強風のために思うように走れなかった。次のコーナーの外側をまわった時、コーチが手を大きく振り、何か叫びながら私のほうに走ってくるのに気づいた。

はじめ私は、コーチは私を応援しているのだと思った。けれどもコーチは、左の手を口の上に当て、右手で何か合図をしている。私にこれから言うことを聞けというのである。

彼はフィールドを横切って、コーナーのはしのトラック近くに立っていた。そばを通った時、はっきりと彼の声が聞こえた。「風の中へ寄りかかるんだ、ボブ！　風の中へ寄りかかるんだよ！」

今まで経験したこともないほどの突風の中を走っていると、右手前方には、コースが広がっているのが見える。そして、みんな頭を高く上げ、胸を張り、腕をあごのところまで上げ、風に向かって走っている。

私はコーチの合図の意味がわかった。私は頭を低く下げて風の中に突っ込み、前方にのめり込むようにして、腕の位置を下げ、足並みに合わせて円を描くように腕を振った。すると、たちまち風の抵抗が少なくなってきた。

私は六位から五位、そして四位と追い抜いて、最後のコーナーでは一位の人との差を一ヤードに縮めていた。

結局私は優勝し、州レースに出場した。しかし最も大切なことは、このことから価値のある教訓を学ぶことができたということである。

このコーチは、その後二、三年して亡くなった。しかし、彼は常に私と一緒に生きている。人生の波風に遭うと、いつも思い出すのである。人生の障害や抵抗が大きく見える時、コーチがトラックの横に立って「風の中へ寄りかかるんだ、ボブ！　風の中へ寄りかかるんだ！」と叫んでいるのが見えるのである。

第六の戒律

今、お話したことは、説得力のある人間になるための第六の戒律を、何よりもはっきりと物語っている。

〝大きな点を得るために、小さな点を譲れ〟

人をあなたの考えどおりに動かすためには、何も一〇〇％の賛成を得なくてもかまわない。この教訓をよく理解して実際に活用すれば、大きな成果を得るはずである。セールスパーソンが販売をする時、お客の反対を全部克服しなくてはならないということはない。また上役は雇用者に多くを望んではならない。雇用者が会社の方針や、その他の小さな点まですべて賛成する必要はない。

議員は自分たちが出した法案が通過する時、修正され変えられることを知っている。そして最後のラインに到着するまでに「風の中に寄りかかること」――交渉すること――を学ぶのである。

また親たちは、大きな点で軌道をはずれなければ、小さな事柄では子供たちの選択の自由を認めるべきである。そのことによって、子供の意志と独立心が養われるのだから……。

結局のところ、かしの木が地面に倒れるのは強い風に抵抗するからである。その証拠に、葦《あし》を見てみなさい。葦は風と一緒になびくため、倒れないで立ち続けているのである。

この技術を使った画家　ミケランジェロが傑作〝ダビデの像〟を完成した時、これを注文したフロレンスのゴンファロニエール・ソデリニが作品を見にやって来た。

いろいろと批判的に鑑賞したあと、特に鼻について批評をした。鼻だけが顔の他の部分と不釣合いなので、それを変えるようにと言ったのである。

ミケランジェロは踏台に登り、あらかじめ床から拾い集めておいた大理石の粉をばらまきながら、ハンマーで鼻の部分を傷つけないようにたたいた。

彼が踏台から降りてくると、ロデリニは像を見上げ、「うん、ずっとよくなった。生命が宿ったようだよ」と叫んだ。

ミケランジェロは感情的になり、反論することもできただろう。しかし、そうすれば、苦労して作った作品全体が拒否されたかもしれない。「風の中に寄りかかる」ことで、ミケランジェロは四百スクーディーを手に入れたのである。

「怒って」立ち上がり、風に逆らう代りに、この彫刻家は小さな点を譲った。その結果、彫刻は受け入れられたのである。

上院議員の「風の中に寄りかかる方法」 私は一九六四年一月、ある昼食会で、当時の上院議員であり、また院内政党幹事をしていたハーバート・ハンフリーの横にすわっていた。私たちは、その年に提案される法案について話をしていた。その中のある重要な法案について、ハンフリーはこう言った。「われわれは今年中にこの法案を通すつもりです。もちろん多くの抵抗と障害に出合うのは覚悟していますよ。幾つかの修正も加えなくてはならないでしょう。しかし、どっちにしても必ず通過させますよ」

これはすぐれた説得力のあるリーダーの言葉であると思う。レースを始める前に、すでに「風の中に寄りかかる」必要があることを知っていたのである。変化に逆らわないで、抵抗を小さくすることを考えていた。大きな点を得るために、小さな点を譲らなくてはならないことを知っていたのである。
私はその年、ハンフリー上院議員がこの予言を実現するのを、非常な興味を持って見守っていた。それは予言どおり――「風の中に寄りかかって」通過した。修正を加えて法案は通過したのである。

相手の「顔を立てる」こと　人は説得されて何かする時、きっと決定に参加したがるものである。そして二、三のことについて反対する。自分は正しくありたいと願うからである。一応説得はされるのだが、自分の「顔を立て」たいのである。自分の意見や行動が、影響を受けて変わったことを認めたくないのである。

「顔を立て」る唯一の方法は、小さな点で譲歩することである。説得するということは、つまり意見の取引をしているのである。「もしあなたが、この大きな点で賛成してくれるなら、私は他の小さな点で、あなたに賛成します」と言っているのと同じである。そしてこの取引が成立した時、説得された人は自分が得をしたと思う。

セールスの専門家もこれを使っている　セールスを始めたばかりのセールスパーソンは「お客の反対」を克服することについて、いろいろと教えられる。その結果、お客が取り上げるすべての反対を克服しなくてはいけないと思い込んでしまう。けれども、これは大変なまちがいである。
本当の専門家は別のやり方をする。私の知っている大変すぐれたセールスパーソンのジム・マッコーリーは、こう言っている。「お客様が反対すると、私はいつも『あなたがそう言われるのは当然です』とか『それは良いことですね』などという言葉で賛成します。そう言いながら、私は販売をしているのです。もしその反対意見がほんとうに大きなことなら、お客様はまたそれを言い出すでしょう。けれども、あまり大切なことでなければ、私はいつも、お客様の言いなりになっています。そうすれば、買う段になっても、お客様は全く自分の意志で決定したのだと感じるのです」

説得力のある人間のための第六の戒律を使って、彼はたいへん成功した人生を歩んでいる。

結論

小さな点に関しては、相手に反対させなさい。相手のやり方に従い、相手の意見を重んじて、顔を立ててあげなさい。重要な決定や行動については、あなたの意見に従っている限り、相手の好きなようにさせなさい。

〝大きな点を得るために、小さな点を譲ること〟

という第六の戒律に従いなさい。風の中に寄りかかって、できるだけ道を進みやすくし、抵抗と障害を少なくすることが大切である。

グループ・ディスカッションのための質問

○あなたは今まで「大きな点を得るために、小さな点を譲る」経験がありましたか。それはどのような時でしたか。その結果どうなりましたか。

○今あなたが抱えている問題解決で、「大きな点を得るために、小さな点を譲れ」のルールを応用するとするとどのような方法が考えられますか。

○人を説得する時に、相手の「顔を立てる」にはどのようなことが考えられますか。具体的な方法についていくつか次の空欄に書き出してください。

あなたの相手の「顔を立てる」具体的な方法

11 論争を避けること

言い争っている時は、気持ちが閉鎖的になってしまう。自分の見解と違う意見など、何ひとつ知りたくないのである。

また言い争っている時は自分の見解を弁護しようとする。ほんの少しでも理屈が通れば、見解を絶対に変えない。決心は堅い。だから説得力のある人間になりたければ次の第七の戒律を守りなさい。

〝決して、決して、決して言い争わないこと〟

論争のための論争

しかし、あなたは「言い争ってどうして悪いのだ。正義のためには戦うべきだ」と思われるかもしれない。また論争に勝つのは気持の良いことでもある。

それは確かにそのとおりである。そういうことのためには、言い争うことも良いかもしれない。しかし説得のためには、言い争うことは役に立たない。言い争うことで、何かをやらせることはできない。また言い争いに勝ったところで、親しみをいだかれるわけでもない。負けて嬉しい人など、いないのだから。

あなたは「そう言っても、どうしても避けられない言い争いだってある」と言うかもしれない。それはそのとおりに違いない。しかし、少なくとも避ける努力をしてみることはできるはずだ。

さてここで、言い争いの起きそうな状態の時、論争を避けて説得していくための五つの段階をあげてみよう。

【段階1】 相手の意見を先に言わせること。

あなたが相手よりも先に意見を言ったりすると、相手は否定的な気持をいだいて構えてしまう。なぜなら、争いはまず心の中で起こるのだから。

あなたが先に何か言えば、相手は早く自分の反論を言いたくて、むずむずするだろう。

だから、相手に先に話をさせなさい。相手が話している間は黙って聞き、中断してはならない。中断すると論争が始まってしまう。話の最中に邪魔をされるのは、だれでもいやなものである。

本当の説得者は、相手の沈黙を邪魔することさえ遠慮する。相手が何か考えているような時は、そのまま相手に考え続けさせるのである。

つまり、言い争いの起こりそうな状態に対処する第一の段階は、相手に先に話をさせること、そして中断しないことである。

【段階2】 「挑戦的な」言葉を慎むこと。

昔の西部劇で使われた言葉をご存じだろうか。「相棒、そいつぁ挑戦の言葉だぜ！」と叫ぶと、次の瞬間には、拳銃が火を吹いたのである。

「挑戦的な言葉」とは何だろうか。

昔は非難や悪口のことだった。西部劇の酒場のシーンでは、ポーカーゲームでインチキをしたと言って相手を非難する言葉だった。

現在もこれと変りはない。ただみんな、少し大人っぽくなっただけである。私たちは拳銃を持っていない。しかし「挑戦的な言葉」が使われると、やはり争いが始まるのである。

そして今日の「挑戦的な言葉」とは、相手の人間性や意見に対する攻撃のことである。つまり次にあげるような言葉である。

「君は少しおおげさに言ってるんでしょ」

「君はまちがってますよ」

「君、勘違いしてますよ」

「何か全く思い違いをしているようですね」

「それは違っていますよ」

「あなたは聞いた事は何でも信じるんですね」

たとえ全くそのとおりでも、相手と言い争いをしたくなかったら、こういう言葉は口に出してはいけない。

その代り、次のような「賛成の言葉」を言ってみなさい。

「そのとおりです」
「全く賛成しますよ」
「ほかの人々も、同じように思っているでしょう」
「どうしてあなたがそう思われるか、よくわかりますよ」

こういう言葉のほうが「挑戦の言葉」よりも、気持良く響くにちがいない。こう言えば「ぼくと言い争う気持なんだね」などと相手が言い出すこともないのである。

言い争いの起こりそうな状態に対処するための第二の段階は、できるだけ相手の正しい点をさがし出すことである。そしてそれを口にすることである。そうすれば、言い争う代りに一致することができる。

けれども、やはり相違点は残るだろう。その時のために第三の段階を紹介しよう。

【段階3】 相手の不決断、欠点、反対などについては、自分自身を非難すること。

メソジスト派の創設者ジョン・ウェスレーが、旅行中に出会った人との論争をうまく避けた話をご存じだろうか。

ウェスレーは馬車で旅行をしていた。一緒に乗り合わせた相手は若い将校で、旅の道ずれとしては好適だった。ただ一つの欠点は、すぐに聖書の言葉を使って人をののしることだった。

馬車を乗り換える時、ウェスレーは将校の横にすわって言った。「あなたと旅をするのは実に楽しいし、これからも楽しみです。ただ一つお願いしたいことがあるのですが」

「何でもおっしゃってください」と将校は答えた。

「では、お願いしていいですね。これから旅を続けている途中で、もし私が、我を忘れて、ののしりの言葉を口に出すようなことがあったら、すみませんが私に注意していただけませんか」

将校はにっこりと笑って、うなずいた。そしてそのあと、旅行の間中ののしりの言葉は聞かれなかったという。神は冒瀆《とく》されないですんだのである。

ウェスレーは相手の欠点を自分の欠点とし、自分を非難した。その結果、争いを避けることができたのである。

争いを避けるための第三の段階は、相手の不決断、欠点、反対、まちがった意見などに対して、相手を非難する代りに、自分を非難することである。

この方法を用いれば、あなたは相手の立場に立つことができる。そうすれば相手とあなたは一致することができるのである。あなたが自分で非難を引き受ければ、相手は自分の立場が受け入れられたと思うのである。

この方法を使うのに役立つような言葉を少し紹介しよう。

「私もあなたと同じように考えますが、それで正しいのでしょうか」

「この問題への反論を説得できるほど、ぼくの頭が良かったらなあ」

「あなたが反対の立場からも、この問題を考えてみようとしないのは、まったく私のせいです」

私はこの言葉を上手に使っていた優秀なセールスパーソンを知っている。彼はお客様が買わない時には、よくこう言ったものである。「お客さん、私はセールスパーソンとして、あまり腕がよくないんですねえ。これを持っていると、どんなに役立つかということを、もっと上手にお話しできればいいのですけどね。そうすれば、以前経験したようなことも起こらないですんだでしょう。あるお客さんと会って、いろいろと話をして、一年くらいたったころです。そのお客さんが、また訪ねてきたのです。そしてこう言われました。一年前に会った時に、私がもっと腕のいいセールスパーソンだったら、その一年間、この商品を使うことができて、どんなに助かったかわからないのに、というのです」

相手がまちがっているからとか、長期的な展望を欠いているからといって、相手を非難しないこと。相手と同じ馬車に乗って、自分が非難を受けるのである。そうすれば、争いながら違った方向へ走る代りに、一致を見いだしながら一緒にジレンマを解決できる。

【段階4】 個人を論じるのではなく、物事を論じること。

話が個人的にならないように注意しよう。言い争いのきっかけとなるのは、個人的な攻撃である。もし意見に違いがある時は、その違いは個人的な感情や人間についてのものではないことを、はっきりさせなさい。あくまでも、物や事柄についてであることを強調し続けなさい。

次にあげるような言葉が役立つだろう。

「こういう事態について話し合うと、両方の事情がよくわかりますね。これはあなたにとっても、私にとっても、有益な事ですね」

「結局のところ、今こうして話し合っていることは、私にもあなたにも、個人的には関係のないことですね。だからこそ、話し合ってもおもしろいんですよ」

「一緒にこの考えについて検討してみましょう」

「これから、この問題についての反対意見を話し合うわけですが、その前にちょっとお伺いしたいことがあるんです。あなたはこの問題について、何一つ個人的感情はいだいていないでしょうね？」話を個人的なものにしてはならない。話し合いが論理的でなくて感情的になると、単に個人的な話になってしまうだけではない。大きな、解決のできない論争にまで発展していくのである。

【段階5】　すべての面で勝とうとしないこと。

いつも自分の正しいことを主張する人がいるものである。こういう人は、どんな犠牲を払ってもいつも勝たないと気がすまない。いつも防衛的で競争心を持っている。こういう人は、あまり人気を得ることができない。なぜなら、まわりの人々は、一回でいいからその人のまちがいを証明するチャンスをつかもうと、いつもやっきになっているからである。

あなたもこういう人物にならないように気をつけよう。人生のすべての戦いに勝つ必要はないことを、はっきりと悟ろう。争いを避けるために、あらゆる手段を取りなさい。それでもそれ以上話し続ければ争いになることが明らかな場合は、話し合いをやめること。話し合うのを拒否すればよい。良いスポーツマンになろう。立派な敗北者になるのである。相手の意見を祝し、それで終りにするのだ。だからといって、世界が終るわけではないのだから。

長い目で見れば報われるのである　ちょっと手を休めて、いちばん争いを起こしやすい相手はだれかを考えてみなさい。たぶん最も多く会う人たちであろう。全く知らない人と争いを始めたりはしないものである。

だから、いつも意見が一致していることを認めてやりなさい。できるだけ多くの機会を見つけて相手の正しさを認めてやりなさい。そうすれば、相手はあなたにもっともっと好感を持つようになるだろう。いつかあなたが自分の意見をほんとうに主張しなければならない時が来たら、その時はあなたの意見が認められるにちがいない。

まとめ

戒律七を守りなさい。

〝決して、決して、決して言い争わないこと〟

それには次の段階が役に立つ。

段階１　相手の意見を先に言わせること。

段階２　挑戦的な言葉を慎むこと。

段階３　相手の不決断、欠点、反対、などについては、自分自身を非難すること。

段階４　個人を論じるのではなく、物事を論じること。

段階５　いつも一致をみようとしないこと。すべての面で勝とうとしないこと。

グループ・ディスカッションのための質問

○あなたは今まで、人と言い争って得をしたことがありますか。それとも損をしたことがありますか。

どちらの方が多いですか。なぜですか。

○あなたは人と話をする時に、相手の意見を先に言わせる方ですか。それとも自分の意見を先に言う方ですか。どちらの方が多いですか。どちらの方がことがうまく運びますか。それはなぜですか。

○あなたは挑戦的な言葉を時に使う方ですか。それともそうした言葉を慎む方ですか。挑戦的な言葉を使ってうまくいく場合がありますか。逆にうまくいかない場合はどういう時ですか。それはなぜですか。

○あなたは今まで、相手の欠点を自分の欠点として、自分を非難した結果、争いを避けることに成功した経験がありますか。

○言い争いを避ける方法として、「個人を論じるのではなく、物事を論じること」とはどういう意味ですか。具体例を挙げて説明してください。

○「すべての面で勝とうとしない」とはどういうことですか。そうした体験をしたことがありますか。

12 責任感を養う

やれやれ！　ビル君！

ぼくはまちがっていたよ。

ぼくは営業部長として何年もの間、この会社のセールスの割当てを決めてきた。しかし、これはまちがいだったよ。

ぼくには割当てを決める資格はなかったんだ。ぼくは実際にテリトリー（受け持ち地域）で働いている君たちとちがって、そのテリトリーについての知識はあまり持っていないのだから。

だからビル君。君こそがテリトリーの潜在力や問題点を、いちばんよく知っている人間だ。何ができるかを、いちばんよく判断できるのは君だと思う。どれくらい働けるか、目標をどこに置いたらいいか、地域内にどんなチャンスがあるか、君ならわかるだろう。

そこでビル君。来年の君の割当ては君自身で決めて欲しいと思う。

慎重に考えて欲しい。われわれの会社の企画は、すべて君たち現場で働く人たちの成績にかかっているのだから。

君のテリトリーの予測を、これから十日以内に出してもらえるだろうか。

では、よろしく頼むよ、ビル君。

㈱パワーアップセンター　営業部長　ウッツ・ライフ

ビル・スミス様

私はこの手紙の写しを読み終ると、ライフに手わたしながらこう言った。「それでライフ君、その結果はどうかね」

「予想以上だよ」と彼は答えた。「各目の割当てを自分で決めさせてみると、われわれが決めるよりも一〇％も一五％も高く決めてるんだよ。その上、今年度にはいってまだ五ヵ月しかたっていないのに、このままのペースで行けば、目標に手が届きそうなんだ」

このように、一通の手紙を書き、説得の規則を一つ使っただけで、ビジネスは大きく伸び、何千万円もの利益が上がった。

つまり、この営業部長は、説得のための第八の戒律を守っていたのである。

〝相手が自分の立場を公平に判断するように相手に判断をまかせなさい〟

相手を審判人にしなさい　この戒律を守れば、相手を審判人とすることになる。目前の状況を公平に判断できるようにするのである。自分が審判人になり責任を感じると、傍観者とは全く違った行動をとり始める。審判人はみんな公平を求め、事実を追うのである。

若すぎるということはない　ヴァーン・パワーズは、私たちの成人教室の受講者のひとりである。彼はこの戒律を実際に使ってみた経験談をクラスで話してくれた。自分の十歳の息子トミーにやってみたのである。

トミーはその日、家で許されている範囲を越えて、遠い所まで自転車で遊びに行った。なかなかもどらないので、ヴァーンは夕食前に、トミーをさがしに出かけたのだが、見つからない。けっきょくトミーは夕食に四十五分も遅れて帰ってきた。

いつもなら、ヴァーンはどんなにトミーをしかったことだろう。そんな夜は部屋に閉じ込めたかもしれない。

しかし、その日ヴァーンは前日にクラスで習った規則を使ってみようと思った。そこでトミーに、今まで何をしていたのかとたずねた。それからヴァーンはトミーに言った。「トミー、自転車乗りについて決めた規則を、君は今日破ってしまったね。行ってはいけない所まで遠乗りしてしまったんだ。そして夕食に四十五分も遅れた。悪い事をしたのは、わかっているね」

「はい、パパ」とトミーは答えた。

ヴァーンは続けた。「トミー、普通ならパパはトミーをしかるし、何かの罰を与えなくちゃならない。だけど、君はもう何かを自分で学べる歳になっていると思うんだ。いつかは君も親になるんだからね。君の子供たちが大きくなったら、君は子供たちにいろいろ教えてやらなくちゃならないね。何が正しくて、何がまちがっているか、どうやって教えを守るか、どうやって友だちと仲良くするのか、また時には、罰を受けなければならないことなどについて話してやらなくちゃならないね。そこで今日は、トミー自身で自分のやったことを考えて欲しいんだ。自分が親になったつもりで考えてごらん。トミーの子供が何か悪いことをしたら、当然罰を受けるべきと思わないかい」

「はい、パパ」とトミーはうなずいた。

「それじゃあ、しばらくここにすわって考えなさい。どんな罰を与えるべきか、自分で決めるんだよ。決まったら居間に来てパパに話すんだ」

しばらくすると、トミーはやって来た。ヴァーンの言葉を借りると、息子の判断力と成熟度を父親が誇らしく思うような答えを伝えにきた。

「パパ、ぼくは行ってはいけない所に行っちゃったのだから、しばらく自転車乗りをやめることにするよ」とトミーは神妙に言ったのである。

「どのくらいやめるつもりかい？」

「しばらく」

「一週間ぐらいどうかね」ヴァーンは聞いた。

「いいよ」

「オーケー、トミー。それじゃあ一週間、自転車乗りはおあずけだ」

ヴァーンは次のように話を結んだ。「これは息子が学んだ教訓の中で、最も有益な教訓だったと思います。ベッドにはいる前に、私はトミーに言いました。パパはトミーをたいへん誇りに思っている、君は立派な親になると思う、と話してやりました。この規則は魔法みたいなものです」

人を信じなさい　人間というのは、私たちが考えている以上にすばらしいものである。公平さ、正義感を持っている。もちろん感情的な要素もたくさん持っている。衝動的であったり、論争的であったり、自己中心的であったりする。けれども、個人の責任についての強い良心があるために、均衡を保っているのである。それが、正しくありたいと願い、公平な結論を得ようとする原動力として、いつも働いているのである。

この戒律の使い方

さあこれから、この偉大な説得の道具を実際に使えるように、一つ一つ段階を追って説明したいと思う。しかし、第一歩にはいる前に、どんな説得をする場合でも直面するに違いない障害について、よく理解しておこう。

最も大きな障害　相手に何かをしてもらいたい時に最も大きな障害となるのは、相手の利己主義である。これはどうしても克服しなくてはならない。

程度の差こそあれ、人はみな利己主義である。

あまり嬉しいことではないが、これは事実である。心理学者が利己的ではない行動などありえない、と言ったのを聞いたことがある。人は満足感——つまり、自分は慈悲深い人間なのだ、という気持——を持つためなら、お金さえも与えるのである。これは論議するに価する。少なくとも、人はだれでも自己中心的で、自分の利益をまず考えるということは、否定できないであろう。

あなたが上手な説得をして、相手に何かをしてもらうには、まずこの利己主義という障害を中和し、うすめてから、対処しなくてはならない。このことをよく心にとめておくこと。これを理解したら、もう相手に何かをしてもらう方法を理解しはじめていると言ってもよい。人は何かを利己的に求めているために、何の行動も起こさないのだということを理解しなさい。

たとえば、お金が欲しいために、見るものすべてを買わないのである。

レジャーや安らぎが欲しいために、力の限り働こうとはしないのである。

自分の自主性と自分のやり方を望むために、時には協力を拒むのである。

自分の考えや意見を強く印象づけるために、反論をするのである。

子供たちは自分の独立性と特権を失いたくないために、親の監督や規律に反抗するのである。

それを責めないこと　こういう目に見えるもの、見えないものに固執しているからといって、利己主義を責めないことである。

人間は食物、衣服、住居、愛、報酬、感謝、特権、その他の大きなもの、小さなものを必要とし、求めている。もし人間が利己主義でなく、こういうものを求めて努力するものでなかったら、小さな穴の中のにんじんやビートと少しも変らないではないか。それでは単に存在しているにすぎない。

だから、この姿を責めないこと。これがこの説得のための戒律を使う場合の第一のルールである。

この前提条件を一度受け入れさえすれば、相手を説得する時に、実際にこれを活用できるようになる。

この障害を、むしろ説得の道具として役立てることができるのである。

人間は高価なものを求める　シェイクスピアはこう言った。「初めから良いもの悪いものがあるわけではなく、その人の考えが、それを良いものにしたり悪いものにするのだ」
だから、この利己主義を良いものだと考えよう。なぜなら、多くの場合、これは良いものだから。人間は自分自身のために、良いものを求め、良い評判を求める。もっと高貴な人格になろうとする。徳のある人間になりたいのである。

このように人間は人生にすばらしいものを求めて、利己主義になるのである。

この事実は、次に説明するこの戒律、**〝相手が自分の立場を公平に判断するように相手に判断をまかせなさい〟**の第一段階でも言われている。

【第1段階】 適切な動機に訴えること。

「正しい決定を下すかどうかの責任は、君の手の中にあるんだよ」
「君が頼りになることは、よくわかっている」
「君はとても公平な人だという評判だ」
こういう言葉は、相手の持つ高貴な特性に訴えるものである。

私はこの説得の問題について、ある中小企業の経営者グループと話し合っていた。すると、そのうちのひとりが笑い出した。

「ちょっと口をはさましてもらわないわけにはいかない気がしましてね」と彼は言った。「たった今、それが私の身に起こったんです。

部長の一人が、ふたりの社員同士の争いを、私に話してくれました。ひとりは年取った人で、高い評価を受けていました。もう一人は、入社してからまだ数ヵ月でした。この争いが私の所まで持ってこられたらどう対処するかということは、だいたい前もって決めていました。新しくはいったばかりの新入社員に社内で問題を起こされるのを許すわけにはいかないと思っていたのです。

そして今日の午後、とうとうこの二人が、私の所へ来ました。新入社員のほうが、私に話を聞いてくれというのです。そしてどちらが正しいか決定してくれと言いました。また、私は公平な判断を下せる人だという評判だから、二人とも私の決定に満足する、と言いました。

この言葉のおかげで、私の態度は変ったのです」

彼は考え深い表情で、にっこりしながら続けた。「私は慎重に両方の話を聞き、その結果、新入社員のほうに軍配を上げました。年配の社員のほうが、明らかに分を越えた行動をしていたからです」

このように、大きな違いが生まれるのである。自分が遂行しなくてはならない責任があり、良い評判があると思えば、それを何よりも大切に考える。偏見を持ったり、片寄った判断をしたりしなくなる。

これこそ、先ほどの営業部長が、手紙でセールスパーソンに伝えたことではないだろうか。その手紙が効果を上げた鍵は何だろう。彼はセールスパーソンたちに、自分で自分の割当てを決める責任を与えた。すなわちセールスパーソンたちを自分自身の営業部長としたのである。公正でありたいという良心を信じたのである。

父親と息子の話も同じである。少年は父親の役目を受け持たされ、遂行しなくてはならない責任を持たされたのである。

どのようにして利己主義を克服したらよいか？　このように第一段階は、人に説得されて何かをするということへの抵抗を弱め、利己的な反抗心を弱めるための道具である。そうすることによって相手を動かすような、高貴な動機に訴えることができるのである。

【第2段階】　事実を明らかにすること。

さて、相手は審判人になったわけだから、ここで裁判を開こう。すべての事実を明るみに出そう。そしてもう一度見直し、審議してみよう。書き出す必要があるなら書き出してみよう。

今こそ、あなたは公平にならなければならない。なぜなら、すべての事実を検討しなければならないからである。悪い点も良い点も、賛成も反対も。あなたの目的に反する事実も目的に合った事実も、ともに示しなさい。

こうしないで、ほんとうに正当な裁判ができるわけはない。そしてこの説得法は、正直な気持で真剣に行なわれなくてはならない。

もし相手が、あなたよりも事実をもっと詳しく知っていたら、それをよく考慮に入れたかどうかを、自問するのである。営業部長がセールスパーソンの手紙の中でやったのは、これであった。

すべての事実が出そろったら、次の段階に進む準備が整ったのである。

【第3段階】　その事実は正しいという同意を得ること。

それでは、その事実に対する相手の意見を聞いてみよう。

その事実は正しいだろうか？

相手は同意しているか？

「悪いことをしたのは、わかっているね」と息子に訊いた父親のことを忘れないこと。

ここで一言注意をしておこう。決して論争しないことである。相手がすべての事実に同意しなくても、心配するには及ばない。これこそ、前章で説明した「名を捨てて実をとれ」のまったく良い例である。

事実を再検討し、だいたい示されたとおりであるという同意を得なさい。この段階では、小さな点について文句をつけがちである。なぜなら、自分の考えが変えられてしまうのではないかと不安だからである。しかしここでは、単に相手の話をよく聞いておくだけにしなさい。次は第4段階で説明しよう。

【第4段階】 相手に時間を与えること。

元旦にコタツにあたりながら、火鉢で焼く「おもち」をご存じだろう。炭をおこし、網を使って焼いたおもちである。網に載せても、しばらくは何の変化もない。しかし、急にふくらんで破裂し、やがて、おもち全体がふくれ上がる。

人間の良心というのも、このおもちと同じである。いったん火にあぶられると、心と行動の全領域をカバーするまでふくれ上がる。しかし、それには少し時間がかかる。そこで第4段階は、相手にもう一度、考えてもらうためのプロセスである。

良心には醸造の時間が必要なのだ。ポットのコーヒーと同じように、煮たてる時間が長ければ長いほど、濃く出る。

そうだ。ここであなたがすべきことが一つある。

話をやめなさい。

静かにしなさい。

相手に考えさせなさい。

沈黙をおそれてはいけない。

「初めに話しだしたほうが負けるのだ」と自分に言い聞かせなさい。

販売の割当てにあたって、考えるための期間を、十日間与えた営業部長を思い出しなさい。

また、息子に罰を与えさせた父親を思い出しなさい。結論が出たら、すぐに部屋に来るように、と言った父親を。

さて、あなたはこれで、最も強力な説得方法を学んだわけである。

この他人とうまくやってゆく方法について、私自身の個人的な経験がある。これを使って、たいへん成功したことがある。その結果、この方法にはたくさんの利点があることがわかった。幾つかここにあげてみよう。
一、相手は決して、「説得された」という印象を持たない。
二、相手は正しい結論を得ることができたのは、自分が決定したからである、と必ず信じる。
三、あなたは相手の円熟と成長を助けたのである。相手の行動や意見の導き手として、相手の良心を信用してあげたために成長したのである。

注意

この方法を活用する場合、先に述べたルールを破らないように注意しなさい。そのルールをもう一度あげておこう。

一、口論しないこと。
二、あなた自身、あなたの本心、感情、意見などは、外に表わさないこと。相手の良心、感情、意見を引き出すこと。
三、真剣であること。
四、第4段階以降は、沈黙すること。

まとめ

さてここで、再び説得のための第八の戒律で用いる段階をまとめてみよう。

〝相手が自分の立場を公平に判断するように、相手に判断をまかせなさい〟

〔第1段階〕適切な動機に訴えること。
〔第2段階〕すべての事実を明らかにすること。
〔第3段階〕その事実は正しいという同意を得ること。
〔第4段階〕相手に時間を与えること。

グループ・ディスカッションのための質問

○あなたの立場を公平に判断するように相手を審判人にするというやり方を、あなたはどう思いますか。この方法の具体的な例をあなたは聞いたことがありますか。

○あなた自身で、審判人のような役を行なったことが今までありますか。その時に公平に判断することができましたか。

○「相手が自分の立場を公平に判断するように、相手に判断を任せなさい」の第一段階は適切な動機に訴えることでした。どのような動機が考えられますか。なぜ相手はその動機によって心が動くと思いますか。

○あなたが仮に審判人になったとしてすべての事実、たとえばあなたの目的に反する事実も含めて検討するということができますか。それとも無理ですか。それはなぜですか。

○あなたは、事実に対して相手の同意を得ることができますか。それとも差し控えますか。それはなぜですか。

○あなたは今まで、交渉の最後の方でしゃべり過ぎて失敗したことはありませんか。それはなぜですか。

13 ものの頼み方

あなたは次のような会話を何度か聞いたことがあるだろう。トミーが新学年の一学期の通信簿を持って帰宅する。母親はそれを見て、驚いて言う。「トミー、成績が良くないじゃないの。どうしてお兄さんみたいに良い点をとらないの」

「だってママ、いい成績をとるようにって、ぼくに頼まなかったじゃないの」とトミーは答える。

「まあ、あなたがすることは何でも、いつも頼まなくてはいけないと言うの？」

残念だが、お母さん、そうなのである。少なくとも一回は言い聞かせるか、頼むかしなければならない。それは子供、大人、老人、猫、馬、犬、みんな同じである。彼らにやってもらいたいと思うことは、頼まなくてはならない。ただそれだけのこと、簡単なことである。

説得するとき頼まないということは、最大の誤りである。何かするように人をうまく納得させても、頼むことをしなければ、説得の努力はむだになってしまう。

一〇〇万ドルに価する頼み

かつてマーシャル・フィールドの母親が、シカゴ大学に一〇〇万ドルを寄付したことがあった。同じシカゴにある別の大学、ノースウェスタン大学の理事会で、このことが問題になった。なぜノースウェスタン大学には、同じように寄付をしてもらえなかったのか、という質問がなされた。ノースウェスタン大学の理事のひとりが、その回答を得る役目を仰せつかった。フィールド家の人と連絡し、失礼にならないような方法で、何とか聞き出さなければならない。

ところがフィールド夫人からの答えは、驚くほど簡単で卒直なものであった。「ノースウェスタン大学は、寄付をして欲しいと、私に頼んできませんでしたから」

簡単な頼み、ちょっとした要請をしたために、シカゴ大学は一〇〇万ドルを獲得した。頼むことをいとわなかったからである。

説得する時には、このことが必ず一〇〇万ドルの価値を生むのである。説得の過程で、決定的な要素となる。さあ、説得力のある人間となるための第九の戒律に移ろう。

〝明確に力強く、機知をもって頼むこと〟

私は話し方教室の生徒に、人を説得してやらせてみたいことを一つ書くように言った。そのおもな答えは、次のとおりである。

「妻にタバコをやめてもらいたい」
「上役に給料を上げてもらいたい」
「秘書に匂いの強い香水を使うのをやめてもらいたい」
「近所の子供たちが、私のバラの花園を荒さないようにしてもらいたい」
「いつも車に乗せてあげる人が、少しでもガソリン代を払ってくれればいいのに」

ざっとこんな具合いである。けれどもここに驚くべきことがあった。「それでは、やってもらいたい事を実際に頼んだ人は何人いますか」と聞くと、十人に一人しかいないのだ。これが現状である。

ほとんどの人は、ほのめかしたり、皮肉めかしたり、お世辞を言ったり、親しげに肩をたたいたり、もったいぶったりしている。そして、いろいろな説得の方法を用いて、それを言おうと努めているが、実際に頼んだのは、十人に一人の割合であった。

営業部長などの話でも、セールスパーソンのおかしやすい最大のあやまちは、ここにあるという。つまり注文をとるとき頼むことをしないのである。セールスパーソンはデモンストレーションをしたり、利点を指摘したりする。また昼食をおごったり、遠くまで客に会いに行ったりもする。それなのに、注文してくださいと頼むことをしないのである。

「イエス」を得る方法

あなたが望んでいる答えを、正しい方法で得るには技巧（フィネス）が必要である。人に何かを頼み、「イエス」という答えを得るには、技術が必要なのだ。

それをこの章で説明しよう。いつも望みどおりの答えを得ている人がいるものだが、このような力強い性格の人々は、どのような方法を使っているのかを説明しよう。

けれども、その前にまず、頼み方のABCについて知っておくべきことがある。

a　執拗《よう》になること　子供に何かをさせようとしたら、一回言っただけでは効果がないことに、たぶんあなたもお気づきだろう。「あなたに何かをさせるには、いったい何回言えばいいの！」と母親が子供に向かって言っているのは、よく聞く言葉である。これは母親の忍耐力をためすようなものだ。

その理由は明らかである。人間は人から言われて行動することに、生まれつき抵抗するものだからだ。だから、人に何かをしてもらおうと思えば、一回頼むだけでは不十分である。このことをまず知ってもらいたい。

説得するには、時には執拗になることが必要である。この章では、相手に何かをしてもらう時の頼み方を幾つか紹介したいと思う。これを習得すれば、執拗であるという印象を与えずに執拗であることができるようになろう。

b　説得は投球と同じ　プロ野球のピッチャーは、打者に対して作戦上いろいろなコンビネーションを使って投球する。スライダー、カーブ、直球、などいろいろ使う。

またフットボールのクォーターバックも同じである。クイックオープナー、エンドラン、パス、その他いろいろ習ったものを使う。

ピッチャーもクォーターバックも「コンビネーション」を使っているのである。上手な頼み方もこれと同じである。何回も頼む時には、いろいろな違った頼み方をしてみなさい。この章で紹介するいろいろな頼み方を練習して、効果的に頼むことができるようになろう。

抵抗が最も少ない方法　人はいつも、最も抵抗の少ない方法を選ぶ。時間や労力を必要とすることを頼めば、相手は「ノー」と言うだろう。「イエス」と言うよりも言いやすいからだ。もちろんこれは、これから紹介する方法を使わなければの話であって、この方法を使えば、そういうことは起こらない。というのは、ここにあげる方法は、人々に「イエス」と言わせるものだからである。

九番目の戒律 **〝明確に力強く、機知をもって頼むことを怠らないこと〟** を使う時は、次の五つの方法に従いなさい。

一、〝お菓子〟法

子供はどうやってお菓子をねだるか、ちょっと見てみよう。

「ママ、お菓子食べてもいい？」

「だめよ」

「どうしてだめなの？」

「ママがいけないって言うからいけないのよ」

「だけど、どうしていけないの？　いいでしょ？」

「いけません」

「どうして一つも食べちゃだめなの、ママ？」

「だめだからよ」

「どうしてさ」

「わかりましたよ。一つだけよ。それだけですよ。わかった？」

「わかったよ、ママ。ありがとう」

このように、子供たちは「お菓子食べてもいい？」とは言い続けないものである。そう言うだけでは「ダメよ」と言われかねないからだ。だから「どうしていけないの？」と言うのである。

そう言われれば、ママはそれに対して答えなければならない。もしうまい答がすぐに口から出ないと、めんどうなことになる。理由を考えて答えるよりは「イエス」と言うほうが簡単なのである。

だから、なぜか、をたずねなさい。初めに頼む時に質問するとよい。

「ビル君、どうして君は青年会議所のメンバーになってくれないのかい？」

そう訊けば、ビルは答えなくてはならない。答えなければ、賛成していることになってしまうからだ。それに、ビルがなぜメンバーにならないのか、その理由を答えたとしても、それだけではメンバーにはならないと言ったことにはならない。単にどうしてメンバーにならないのかの理由を言ったにすぎないのだから。そこで次の方法を使うことができるわけである。

二、専門家の質問法

専門家は相手にして欲しいことをさせるために、上手な方法を使っている。

証券マン、医者、弁護士、歯医者が、あなたに何かをしてもらいたい時、どういうか気がついたことはないだろうか。次のように言うにちがいない。

証券マン「ジェネラル・モーターズに投資なさるのが良いと思います。一〇〇〇ドルになさいますか、二〇〇〇ドルになさいますか？」

医　者「あなたの扁桃腺はとらなくてはいけませんね。来週の月曜に入院できますか？　それとも、それでは少し早すぎますか？」

弁護士「訴訟を起こしましょう。調書をとるために、あすの朝九時にオフィスに来てくださいますか」

歯医者「親知らずがはえかかっていますから抜きましょう。ここのクリニックでしますか？　それとも病院にしますか？」

それぞれの人が、どうやっているか、気がついたと思う。

どの場合も、彼らが大きな決定をし、そしてあなたには、小さな決定をさせているのである。

証券マンはジェネラルモーターズに投資することを決め、その額の決定はあなたに任せた。

弁護士は訴訟を起こすことを決め、オフィスに行く日をあなたが決められるようにした。

歯医者は歯を抜くことを決め、どこでするかの決定をあなたに任せた。

これと同じ方法を、あなたも使うことができる。あなたは大きな決定をし、相手は小さな決定をするのである。そうすれば相手は「イエス」と言いやすいのである。

三、〝おうむ返し〟法

何かをするように頼まれると、それに対して、質問をして時間をかせぎ、ごまかしてしまおうとする人がよくいる。質問の答えに時間がかかったり、あるいはまちがった答えをして、その結果「ノー」と言えることを望んでいるのである。いいわけができるのを望んでいるのである。しかしこんな時は、おうむ返しにその質問を投げ返してみなさい。次のような場合である。

「ジョン君、どうして青年会議所にはいらないのかい?」

「土曜日も仕事をするんだろう?」

おうむ返し「君は土曜日に仕事をしたいのかね」

「どうか調べてみよう」とか「まだ決まってないんだ」などと答えてはいけない。

また客が「十五日までに配達してもらえますか?」と聞いたら「十五日の配達をお望みですか?」と訊き返すのである。「会社のほうに聞いてみないとわかりませんなどと答えないようにしなさい。

また夫に向かって、あなたが「映画に行かない?」と誘ったとしよう。「何をやっているの?」と彼が訊く。そうしたら「あなたは何が見たい?」と訊き返すのである。新聞を持ってきて、映画欄を読み始めたりしないこと。

さて、そこで夫がおうむ返しの質問に答えたら、映画に行くことは決定したことになるわけだ。どの映画を見るかなどは小さなことである。後で決めればよい。とにかく、まず初めに、あなたの望む答えを得ることが大切である。

このように相手がおうむ返し質問に「イエス」と答えたら、最初の質問に「イエス」と答えたのと同じことになる。

四、エキスパート法

この方法は、何年も前に、ビィさんというかわいらしい小柄な女性から学んだ方法である。ある夜、人間性を豊かにするクラスでのことであった。

みんな近ごろの店員の生意気な態度をこきおろしていた。店員はつっけんどんで、無関心で、無作法で、お客様を軽視している、というのだ。特に小売店の店員はダメだと、例をあげて文句を言う人たちもいた。

最後にビィさんが口を開いた。「私は店員があんな態度を取ることに対して、店員を非難することはできないと思います」と彼女は言った。「あの人たちは、ときどき、ひどい扱いを受けることがあるのです。私はいつも、店員から良いサービスをしてもらっています。とても親切にしてくれます。けれども、それには方法があるのです」

そしてビィさんは、その方法というのを話してくれた。

「私はまず店員の所に近づき、こう言うのです。『品物を買うのに、あなたにいろいろ教えていただきたいのです。私はあまりよくわからないので、よく知っている人に助言してもらいたいんですの』こう言うと、彼らは自分が重要な人間なのだと感じます。

私はボタンを買う時も冷蔵庫を買う時も、いつもこの方法を使っています。そうすると、店員はとても熱心に、時間をかけて助けてくれます」

クラスのメンバーはみんな、翌週ビィさんの方法をやってみることにした。そして次の週、その効果について、クラスで報告しあうことになった。多くの報告が寄せられた。その時から、私はこのビィさんの方法を使っている。相手を専門家のように扱えば、そのように応じてくれるのだ。もちろんこの方法の秘訣は、相手に何らかの点で、あなたよりもすぐれていると思わせることにある。

「あなたのほうがずっと上手だから、手伝ってください」

「これについては、あなたは私よりもずっと経験があります」
「こつを少し教えてくれないかな」
「君はぼくよりよく知ってるから、援助してくれるだろうね」
私はクラスでこの方法をためしてから、ビィさんの方法を妻にも教えた。次の土曜日に妻はさっそく実行した。私のほうが妻よりもチキンの焼き方が上手だったと言って、私に焼かせてしまったのである。これはもう十年も前のことだが、現在まで私はチキン焼きの係りになっている。私はたびたびチキンの焼き方を妻に教えようと言ったのだが、妻はチキンの焼き方は知識だけの問題ではないと言い、あなたがこれまでに習得したような技術は、自分にはとても習得できないと言い張って受けつけてくれない。

前にも言ったとおり、ビィさんの方法は、とても役に立つのである。

五、〝やっていただけますか〟法

日々人と接する時、ちょっとしたことを「やってください」と頼む以外には方法のない場合がたくさんある。大きな決定や選択を必要としない事柄の場合である。こういう時は、単に「やっていただけますか」と頼むだけでよい。

ほかの人にちょっとした事をしてもらうように頼むことは簡単なように見え、また重要でないように見える。しかし、これはうまくしないと、非常に相手を怒らせることになる。

ここに幾つかのルールを紹介してみよう。

a　命令しないこと。

相手に決して命令してはならない。これは黒板を爪でひっかくようなものだ。相手は背筋をゾクゾクさせるだろう。軍隊や子供の教育、ペットのしつけなどなら命令してもよい時もあろう。けれども、しょせん命令は力である。私たちは今、説得の方法を学んでいるのである。

b　理由を言うこと。

私のために、これをしてくださいますか？　と言ってはいけない。「私のために」よりも良い理由を考えよう。何回もこれを繰り返すと、相手はあなたの召使いのような気がしてしまうだろう。そこで次のように言いなさい。

妻「明日のあなたの朝食に卵を使いたいから、すみませんが卵を買ってきてくださる？」

上役「配達が遅れるといけないから、モティベーション・システム会社に手紙を持っていってくれないか」

母親「週末には部屋をきれいにしたいから、あなたの部屋のゴミを拾ってね」

父親「道路から自転車をどけてくれないか。車がぶつかるといけないからね」

理由が何も考えつかない時には、少なくとも丁寧で、明確で、気持のよい頼み方をしよう。

まとめ

説得力のある人間になるための第九の戒律はこうだ。

〝明確に力強く、そして機知をもって頼むことを怠らないこと〟

これには五つの方法がある。

一、〝お菓子〟法。「どうしてだめなのか」と尋ねること。
二、〝専門家〟の質問法。大きな決定はあなたがしなさい。相手には小さな決意をゆだねること。
三、〝おうむ返し〟法。相手が返答することによって、結果として相手が同意してしまうような質問をすること。
四、〝エキスパート〟法。相手にあなたの望むことをしてもらいたい時、相手をエキスパートとして扱う方法。
五、〝やっていただけますか〟法。頼むこと。命令をしないこと。「私のために」という以外の理由を見つけること。

グループ・ディスカッションのための質問

○あなたは今まで、相手に何かをして欲しい時、直接はっきりと力強く機知をもって頼んだ経験がありますか。その時の結果はどうでしたか。その状況はどのような場合でしたか。
○あなたが第九番目の戒律〝明確に力強く、機知をもって頼むことを怠らないこと〟を応用して、今頼みたいことをお願いする場合に、「お菓子法」を使ったらどのような表現になりますか。
○第九番目の戒律を応用して今頼みたいことをお願いする場合に「専門家の質問法」を使ったらどの

ような表現になりますか。

○第九番目の戒律を応用して今頼みたいことをお願いする場合に「おうむ返し法」を使ったらどのような表現になりますか。

○第九番目の戒律を応用して今頼みたいことをお願いする場合に「エキスパート法」を使ったらどのような表現になりますか。

○「やっていただけますか法」を使ったらどのような表現になりますか。

14 相手を味方にする方法

あなたが、生まれて初めてジェット機に乗ったとしよう。機長が離陸準備が完了したことをアナウンスする。待機中のジェット機は滑走路へ向かって走り出す。

突然、座席の背中の部分に衝撃を感じ、前へ放り出されそうになる。巨体を運ぶジェット・プロペラが回り始め、大きな衝撃が伝わったのである。窓の外を見ると、ものすごい速さでコンクリートの道路や地面が走り去り、スピードはぐんぐん増していく。

一回大きく浮き上がると、陸は下に遠ざかっていく。あなたはもう空中にいる。しかし、今日は非常な強風が吹いている。乱気流に逆らって大きな機体は右に揺れ左に揺れ、上に下に動く。あなたは窓の外をのぞいて翼を見る。

どこか変だ！

翼が揺れている！

風のために翼が傾き、パタパタ揺れているのである。あなたはスチュワーデスを呼ばなくては、と思う。翼が折れてしまう前に、機長に知らせなくてはならない。

そこであなたは、隣りの人を突っつく。そして「あの翼が動いているのをごらんなさい！」と叫ぶ。隣りの人は読んでいた新聞をおいて、「ほんとうにありがたいことですね」とにっこりする。「もし動かなかったら大変ですよ。柔軟性を持つように設計されているのです。ですから、ストレスがかかると曲るんですよ。もしそうなっていないと困りますからね。もしもろくて古ければ、少しでも揺れた時、折れてしまいますからね」

さて、これを聞いて、あなたは少し安心する。座席にすわりなおし、くつろいで人類の驚異的な進歩について考える。そして隣りの人の言葉を忘れない。「柔軟性を持つように設計されているのです。ですから、ストレスがかかると曲がるんですよ」

説得は飛行のようなもの

どうしても説得しなければならないような場合には、緊張とストレスが生じやすいものだ。飛行機の場合と同じように、そのプロセスに柔軟性が織り込まれていないと、折れてしまいやすい。

説得のための他の方法をすべてうまくやったとしても、柔軟性に欠け、第十番目の戒律を守らなければ「だいなし」になってしまう。

〝相手があなたに好意を持ち続けるようにすること〟

そのためには、柔軟でなくてはならない。流れに乗るのである。
この方法を知っていたために、命拾いをした青年の話をしよう。この青年はカヌーに乗っていたのだが、流れに巻き込まれてしまった。もうカヌーを止めることも、方向を変えることもできない。カヌーはそのまま小さな滝を落下し、滝の下の激しい渦に巻き込まれてしまった。水泳が得意だった青年は、この渦からのがれようとしたが、泳いでも泳いでも渦の中へ引っぱられる。力が尽きそうになった。その時、彼は息を大きく吸い込み、逆らうのをやめてリラックスしたのである。そのため下へ引っぱられ、大きな渦にのまれはしたが結局、岸から近い静かな水面に浮かび上がることができた。

良い説得者とは　この青年は水泳が得意だったので、泳いで流れから脱け出せると思ったのだ。しかし結局、流れに逆らわないで流れにまかせなければ、力が尽きてしまうことがわかったのだった。
さて、あなたは、これまで紹介してきた戒律を全部守れば、説得力のある人になれる。しかし、この新しく身につけた力は、注意深くそして柔軟性を持って扱わなければならない。「流れとともに」行かないと、相手は反抗的になってしまうからだ。

相手が挑戦的になる理由　説得された時は、だれでも自分が「屈服したのだ」という気持をいだきがちである。だから劣等感を感じる。チェスターフィールド卿は「人間は自分に劣等感を感じさせる者を憎む」と言っている。
だから、そう感じさせないようにしなさい。飛行機と同じように、自分の人格に柔軟性を持ちなさい。新しく身につけた説得力を使って劣等感をいだかせたりすると、相手はあなたに親しみの感情を持たなくなる。

この章では、説得力のある人間になるための第十の戒律〝相手があなたに好意を持ち続けるようにすること〟をどのように実行すればよいかについて説明することにしよう。

さて、次に五つのルールを紹介する。このルールは、説得力のある人間になれば、また人に好かれるようになることを保証する。飛行機の翼と同じように柔軟性を持つようになり、流れとともに行けるようになる。

【ルール1】 相手をほめること。

もしあなたが、今すでに指導者として、また、説得の名手として成功しているならば、あなたは明らかに勝者である。いつも自分の意見を通して、相手は説得に積極的に応じてくれたのである。

さて、相手があなたに劣等感を持ち「あなたを憎む」ようになる前に、チェスターフィールド卿の提唱に従って、相手をほめるようにしよう。相手が何か決定をしたら、それをほめてやるのだ。相手の行動や選択や意見に対して、賞賛の言葉を贈りなさい。

たとえば、あなたの奥さんが、あなたの好物のキャベツの煮つけとガーリックブレッドを作っているとしよう。そのために台所中に強い臭いがただよっているが、奥さんは気にしない。その時、こう言ってみなさい。「ほんとうに素敵な奥さんだよ。もし君がこんなに料理がうまくなかったらこういうものを好きにならなかったと思うよ」

また上司があなたの給料を上げてくれたら、こう言うのだ。「私は昇給に感謝しているだけではありません。このような会社のために働けることを感謝しているのです。組織として動きながら個人の要望や感情も理解してくれる会社に感謝しているのです」

また客から大きな注文を取ることができた時にはこう言おう。「まず第一に、ご注文ありがとうございます、と申し上げます。第二に、あなたが決心をされたことに、おめでとうを申し上げたいと思います。賢明な決定だと思いますし、必ずお気に入りますよ」

【ルール2】 謙虚であること。

「謙虚であれ」ということを、別の言葉で言い換えてみよう。それは「他の人に印象づけようとするな」ということである。

ある夜、人間性を豊かにする集まりでのことだった。参加者のひとりが、こう言いながら飛び込んできた。「驚いたよ！ 今まで習った説得のルールは、ほんとうによくきくものだね。今週、ぼくは三十マイルの速度制限区域を四五マイルで走ってたんだ。バックミラーをふと見ると、赤い点滅灯が見えたのさ。パトカーだよ。見つかったことがわかったので、ぼくはカーブに車を止めて、車から飛び出し、パトカーの所に行ったんだ。ところが、係官はチケットを取り出して記入し始めたってわけさ。ぼくは今までここで習ってきたことを使ってみたんだ。そしたら十五分ほどで、係官はチケットに記入するのをやめてしまった。成功したんだよ！」

しかしその夜、彼はこういう態度では成功も長続きしないことを学んだ。他人の前で自分の才能を見せびらかすようではだめなのだ。ごう慢な人間に説得されたいと思うような人はひとりもいない。

ほんとうに成功する人は、他人に自分を印象づけようとはしない。ジョン・D・ロックフェラー・ジュニアは、さまざまの意義深い運動に貢献し、慈善事業を行なった人であるが、ビジネスでも多くのことを成し遂げて成功をおさめた。ある時、彼はたいへん素敵なオフィスを提供された。すばらしい室内装飾で、だれが見ても驚くようなオフィスである。しかし、彼は肩をすぼめて聞き返した。「だけど、いったい、誰に印象づけたいというのかね」

他人に自分を印象づけようとすることのバカらしさがわかるためには、もしかしたら、みんなそのような経験をしてみる必要があるのかもしれない。次のような出来事が、あなたの身の上に起こったと想定してみなさい。きっと役に立つだろう。

世界的な名歌手エンリコ・カルーソは、気むずかしい人間だった。他の歌手が行き過ぎた大げさな芸で人気を得ようとするのをきらっていた。ある時、一緒に出演したソプラノ歌手が、どんなことをしても、彼の人気を奪いたいと思った。

彼女が使ったテクニックは、高音を出す前に両手を堅く握りしめることだった。そして実際にその高音を出す時になると、腕を大げさにひろげた。

ある夜、彼女が両手を握りしめようとした時、カルーソは生卵を彼女の一方の手の中に落とした。アリアの頂点に近づくと、彼女は堅く手を握りしめた。そのため手の中の卵はグシャリとつぶれ、中身がベットリと手にこびりついてしまった。

彼女はくやしげに自分の手とベトベトの卵を見やった。そして、高音を歌う時には両手を後ろにまわした。そして歌い終わると、待ちかねたように退場したのである。

説得力があるために、注目の的になった時には、その成功にいい気になりすぎないように、いつも注意しなさい。他人に自分を印象づけようとしてはならない。そうすると、今のソプラノ歌手のようになってしまうだろう。

【ルール3】　ふざけたり、からかったり、皮肉を言ったりしないこと。

何回実験をしても明らかなように、誰でもからかわれたりバカにされたりすることをきらう。「なんだ、それじゃあ、人生の楽しみは全くなくなっちゃうじゃないか」と言う人もいるだろう。しかし、そんなことはない。ふざけたりからかったり、どんどんしてかまわない。ただ、おだやかにすること。そして、あなたに同じようなことをお返しのできる人にだけするのだ。しかし、現実には、他人を見下げ、注意を惹きつけようとしてする人が多いため、きらわれるのである。

皮肉という言葉は、ギリシャ語の「肉を裂く」という意味の言葉からきている。これはあまり気持のよい言葉ではなく、また気持のよいことでもない。しかし多くの人々の持っている特性である。説得する時など、自己防衛的に発揮される。

相手が自分の提案に反対したりすると、皮肉を言ったり、からかったりしたくなるものだ。しかし、皮肉や辛辣《らつ》なことを言い返してがんばったりしてはならない。その代りに、身を任す柔軟性が必要なのである。

私の知っている青年で、ハーバード大学を卒業してから、仕事を何度も変ってきた人がいる。この青年はとても説得力があり、自分を表現することも得意で、その上ハンサムで、おしゃれでもある。また無限の可能性に満ちた未来を約束され、それだけの才能と知性を持っている。しかし、ビジネスの世界では全く認められない。彼の現在いる会社の重役が、そのわけを私に話してくれた。

「ブレーン君はすべての才能を備えています。けれども、私たちの見るところでは、その才能は発揮されていないようですね。あまりに皮肉っぽいからですよ。そのうえ困るのは、皮肉屋として注目を浴びているため、改めようとしないのです。パーティーなどでは、たいへんウィットに富んだことを言うので、いつも中心的な存在です。けれども、彼のために、そこにいる誰かが、いつも犠牲になっているのです。だから、みんな彼から離れてしまいます。私たちとしても、彼を責任ある地位におくことはできません」

あなたの説得の言葉が明るく楽しいものなら、それは結構なことである。けれども、人をからかったり皮肉を言ったりして攻撃的になることは避けるべきである。

第三のルール——ふざけたり、からかったり、皮肉を言ったりしないこと——は、柔軟な人間性を示す最も良い方法だろう。皮肉な冷たい言葉を使わないで、反対意見を受け入れることができれば、それで流れに乗っているのだ。そうすれば、緊張状態になっても、相手はあなたへの好印象を失わないだろう。柔軟性をあなたは保っていけるのである。

【ルール4】　忍耐強く、理解ある態度を保つこと。

説得されて意見を変えた人は、本人は意識していなくても反抗的になっているものだ。このことを忘れないこと。だから忍耐強く、理解をもって接することが大切である。行動にも態度にも、注意が必要である。説得しようとする時には、相手の人間的な性質が障害になりやすいものだ。あなたの態度次第で、これは困る問題になることもある。

ある建築家は言った。「あなたの進む道に、取り除くことのできない柱や障害物などがあったら、それを赤く塗ってみなさい」。つまり、障害物を利点として活用するのである。飾りつけて強調しよう。障害物にしてしまってはいけない。

だから、相手に良い印象を持ってもらいたいのなら、まずあなたが相手のことを良く思わなくてはならない。障害となるような相手の性格を、悪いものと思わないで、良いものだと思いなさい。

○もし相手が自分の考えに固執するなら、「石あたま」とか「がんこ者」とか思わないで、「強い信念の持主」と思いなさい。

○もし相手が注意深い人なら、「のろま」と思わないで「思慮深い人」と思いなさい。

○もし相手がカッと怒ったら、「頭にすぐくる人」と思わないで「感情豊かな人」と思いなさい。

○もし相手が何でも自分の手中に収めたいようなら、「威張りたい人」と思わないで「指導的な人」と思いなさい。

○もし相手が人間関係で誤りを犯したら、「礼儀を知らない」とか「冷たい」と思わないで「がん健な個人主義者」と思いなさい。

○もし相手がお金を使うのをいやがったら、「けちんぼ」と思わないで「倹約家」と思いなさい。

○もし相手が自分の意見をズケズケと言ったら、「厚かましい」と思わないで「卒直な人」と思いなさい。

○もし相手がすぐ上司に言いつけるなら、「ゴマすり」と思わないで「協力的な人」と思いなさい。

○もし相手が時々自慢するなら、「うぬぼれが強い」と思わないで「自信がある」と思いなさい。

○もし相手が自己を主張するなら、「自己中心的」とか「自分勝手」と思わないで「進取の気性に富んでいる」と思いなさい。

赤く塗りつぶすのだ。あなた自身の頭の中で。こういう人々の性格は忍耐強く扱い、よく理解してやりなさい。そして良いほうに見てあげなさい。そうすれば、否定的な態度はおもてに表われないから、相手の憎しみを買うこともない。

【ルール5】 どうしても批判をしなくてはならない時は、次のようにすること。

人とうまくやってゆくために最も必要なことは、批判をするなということである。しかし他の一般的なルールと同じように、これもいつも守られるとは限らない。

人を批判しなくてはならない時があるものだ。監督したり、コーチしたり、教えたり、一緒に働いたりする時、批判しなければならないことがよくある。

こういう場合には、次の簡単なルールを守りなさい。そうすれば、批判をしても、あなたに対する良い印象をこわさないですむのである。

(1) まずほめること。

批評されることをきらうのは、批評されると劣等感が起きるからである。そしてだれでも、劣等感を持たせる人をきらうものである。だから、まず初めにほめなさい。相手はエゴを拡大し、優越感を持つ。ほめれば批評や批判のとげを取り去ることができる。

(2) 第三者のいる所で批判しないこと。

第三者がいる所で批判をし、相手の顔をつぶしてはならない。他人の前で相手のエゴを縮小させてしまうと、相手はあなたに良い印象をいだかなくなるだろう。

(3) 建設的な態度をとること。

破壊的になってはいけない。相手の助けになりなさい。相手の外見や行動などのまちがいを指摘してはいけない。どうあるべきかだけを語りなさい。

たとえば「あなたのお化粧はおかしいですよ」と言ってはいけない。「もう少し口紅を濃くすれば、もっと素敵になりますよ」と言いなさい。

「君は手紙の書き方を知らないね」と言う代りに「前に君に教えておけばよかったな。拝啓と書き始めたら、敬具で終わるんだよ」と言いなさい。

「あなたの靴は、いつも汚ないですね」と言うのでなく「靴をいつもきれいにしておけば、あなたの外見は一分のすきもありませんね」と言うのである。

(4) 相手の内面に立ち入らないこと。

人を批判しないで、行動を批判しなさい。そうすれば、相手の内面的な感受性に触れないで、批判を外的なものにとどめることができる。

メアリー・ピッカードは「失望した時や悲しみの時には、どうやって陽気さと冷静さを保っているのか」と質問された時、こう答えた。「世界中の水全部を集めても、その水が船の内部に浸入しなければ、船を沈めることはできません」

相手の内面に立ち入って、相手を沈めてはいけない。絵を批判しても、芸術家の才能を批判してはいけない。

選手のプレーを批判しても、運動神経や体格を批判してはいけない。

歌手の歌い方を批判しても、声を批判してはいけない。

セールスパーソンの売上げ成績を批判しても、セールスの能力を批判してはいけない。

子供の成績を批判しても、知能を批判してはいけない。

その人自身を批判すると、その批判はその「船の内部」にはいり込み相手を傷つける。行動や結果を批判するようにしなさい。もっと望ましいことは、どうあるべきかを指摘するだけにすることだ。そうすれば、批判を完全に「船の外部」にとどめることができる。もう船は沈まないだろう。

(5) 相手の利益にアピールすること。

相手に、なぜあなたが批判しているかを話しなさい。それを改めればどうよくなるかも説明しなさい。そうすれば、あなたが単に「あらさがし」をしているのでないことが相手にもわかるだろう。

(6) ほほえみを忘れないこと。

興奮していないことを相手に知らせなさい。批判する時には、怒りや感情は禁物である。ほほえみを忘れないようにして、批判のとげを取り去ろう。

(7) おだやかに言い、激励すること。

相手の欠点を見つけて、嬉しそうに喜んではいけない。結局のところ、批判するということは、相手が自分とは違った欠点を持っていて、それがよくないと言っていることにほかならないから。だから、批判をする時は、できるだけおだやかにしなさい。背中を軽くたたくくらいのしぐさは必要である。相手の自己向上の能力を高く評価していることを知らせてやりなさい。

そうすれば、相手はいやな思いをしないですむ。あなたは説得力のある人間になるための十番目の戒律に従って、あなたに対する良い印象を失わないですむ。

復習

説得力を持つためのすべての戒律を忠実に守ったとしても、もし相手があなたにいやな感情をいだいてしまったら、何にもならない。

そうならないためには、かたくなにならないで、流れに乗りなさい。緊張や反対に出会っても、相手の側に立ってみなさい。次のルールを守って、柔軟な姿勢を持つことが大切である。

一、相手の賢明な決定や行動をほめること。

二、謙虚であること。自分の成功で良い気になりすぎないこと。

三、ふざけたり、からかったり、皮肉を言ったりしないこと。

四、忍耐強く理解する態度を保つこと。

五、もしどうしても批判しなければならない時は、

(1)まずほめてやること。

(2)第三者がいない所ですること。

(3)建設的な態度をとること。

(4)相手の内面に立ち入らないこと。

(5)相手の利益にアピールすること。

(6)ほほえみを忘れないこと。

(7)おだやかに言い、激励すること。

以上のルールを守れば、第十番目の戒律〝**相手があなたに好意を持ち続けるようにすること**〟を、あなた自身のものとすることができる。

説得力のある人間になるための十戒　まとめ

1　上手に説得できると思うこと。
2　説得のためには質問の力を使うこと。
3　他人に自分は重要な存在であると思わせること。
4　相手の見地に立って語ること。
5　他人を行動に介入させること。
6　大きな点を得るために、小さな点を譲れ。
7　決して、決して、決して言い争わないこと。
8　相手が自分の立場を公平に判断するように相手に判断をまかせること。
9　明確に力強く、そして機知をもって頼むことを怠らないこと。
10　相手があなたに好意を持ち続けるようにすること。

グループ・ディスカッションのための質問

○あなたは今までの相手の賢明な決定や行動をほめたたえたことがありますか。どのようにほめましたか。

○あなたは今まで自分の成功でいい気になりすぎたことがありますか。それはどんな時でしたか。

○あなたは今までふざけたり、からかったり、皮肉を言ったりしたことがありますか。それは誰に対してですか。その結果はどうなりましたか。

○あなたは、今まで忍耐強く相手を理解する態度を保つことで得をしたことがありますか。その逆の体験をしたことがありますか。

○相手をどうにも批判しなければならない場合に気をつけなければならないことにはどんなルールがありますか。

○相手をどうしても批判しなければならない場合の七つのルールで、あなたが使いやすいルールを一つ挙げるとしたらどれですか。

15 説得力とコミュニケーション

私の最大の問題は、知らない人、特にあまりよく知らない人や知り合ったばかりの人とは、うまく話ができないことである。

私はとても神経質になってしまう。口びるがかわき、口を開くのがむずかしく思えるのである。私は進んで話すように自分自身に言い聞かせて直そうとするのだが、全く役に立たない。前もって系統だてて物を考えることもむずかしくなる。そして、いつも相手がいなくなってから、もっとこう言えばよかった、ああ言えばよかった、と思う。そして、やっと言うべきことを思いつくのだが、その時には、もう話す相手はいない。

人間性を豊かにする研究会で、私は参加者に、無記名でそれぞれが人間関係で持っている最大の問題を書くように言っている。

今私が引用した文は、大勢の人々の心の中や感情の中にある問題を、表現した例である。他人——特によく知らない人——と会話をする場合の自分の能力を信用しにくいのである。こういう人は大勢いるものだ。

今の世の中では、上手に話をしようとすれば助けが必要である。二百年前には、練習によって学ぶことができた。話のほかにすることがなかったからである。「集まって」そして「話をする」喜びを尊重していた。

しかし、今日では、テレビを見ている時、トランプを楽しむ時、ドライブに行く時、講演を聴く時、観劇する時など、黙ってすわっていることが多くなっている。あるいは会話をしたくないために、お互いに避けあっている。

オリンピックの棒高飛びのチャンピオン、ボブ・リチャーズは、人間関係のコミュニケーションに関する専門家でもある。だから何百万の人々に、何千という講演をしている。最近その彼から、こういう話を聴いた。「今日の最大の問題は、人間がコミュニケーションの仕方を知らないことですよ。結婚の失敗の最大の原因は、夫と妻がお互いに話し合えないことにあるのです」

だから、人類の歴史の中でも、今ほど話し合うための方法を学ぶ必要が出てきたことはない。

避けたいいざこざの原因

ミネソタ・マイニング・マニファクチャリング・カンパニーの七十五人の幹部のための研修セミナーを開いた時、私は各出席者に頼んで、自分のいらいらの原因を書き出してもらった。他人について一番「腹立たしく思うこと」を書いてもらったのである。その結果、いらいらのおもな原因は次のようなものだった。

「私が話し終らないうちに、他の人が自分の意見を言い出し、私の話が中断されること」

「人の話を聴かないで、ひとりで話している人と会話をすること」

「他の人々のことを、全く考慮に入れない失礼な差出口」

「グループで討論したいと言い出した当人が、私の『知恵の言葉』を聴かない時」

「どんな理屈にも耳をかさない人」

「会話していて無視されていること」

「会話の途中で『負かされ』ること」

「会話で論点をはっきりさせない人」

「社交の場で会話を独占する人」

「会話を中断する人」


これらすべてが、会話に関係があることに気づかれただろうか？

人間のいらいらの大部分は、コミュニケーションがうまくゆかない、会話ができない、ということから生まれている。

あなたも人とコミュニケーションをしている時に、相手をいらいらさせるようなことをやってないだろうか？　おそらくあなた自身も、よくわからないのではないか？　なぜなら、これは口のにおいの広告と同じだからだ。「あなたの親友でも言ってくれない」ことなのである。

あなたもこれをやっているか？

あなたは会話で相手を傷つけるようなことはしていないかもしれない。しかし、次の十五の質問のうち、どれか一つは思いあたるだろう。

1 会話を始めるのがむずかしいと思うか？
2 相手が話をしている時、ほかのことを考えているか？
3 他人——特に知らない人——と話している時、何となく居心地が悪いか？
4 話題がなくなることが、ときどきあるか？
5 ときどき「言葉がうまく思いつかない」ことがあるか？
6 知らない人に紹介されるのはいやか？
7 ときどき相手の話を中断したくなるか？
8 相手があなたの話を中断した時、いらいらするか？
9 親友や家族との会話でも、話題がなくなることがあるか？
10 あなたが話をすると、ほかの人が落着かなくなるように感じるか？
11 相手が話をしている時、反論することが多いか？
12 「世間話」をするのはむずかしいか？
13 ユーモアのセンスはどうか？ あなたは笑ったり、ほほえんだりして会話を楽しめるか？
14 会話している時、時間が早くたってくれればよいと思って、ダイナミックに話をやりとりすることは、できるだけ避けようとしているか？
15　いつも相手に会話を「させたり」「始めさせたり」して、たよっているか？
以上の質問の五つ以上に「イエス」と答えれば、あなたは会話術を勉強する必要がある。この章では、その方法をお教えしよう。それを練習し実行するのは、あなた自身の責任である。

会話で人間関係を改善する法

会話の能力を高めること以上に、人生に幸福をもたらす技術というのはほかにない。

一八三〇年、詩人のロングフェローは、このことに気づいて言った。「賢明な人物とテーブル越しにする一回の会話は、十年間の書物によって勉強したことに勝る」

多くの場合、会話のすぐれた技術を学ぶことがどんなに重要かを悟るのが、おそすぎるのだ。私がシカゴに行った時のことである。もう数年間も会っていない友人のオフィスに電話をして、一緒に昼食をすることになった。食事をしながらいろいろと話をし、私は彼の妻ベティーはどうしているかとたずねた。すると友人のスティーブは、数秒間じっと自分の皿を見つめていたが、視線を窓の外に移して言った。

「これから話そうとすることを知っている人は、だれもいないんだが……。実はベティーとは別れたんだよ。まだオフィスの連中にも言ってないんだけれど……。今ぼくはひとりで小さなアパート暮しをしてるんだよ。彼女は今も、ぼくへの電話を受けてくれて、ぼくは留守だということにしているのだ」

「それは残念だったね。だれかに少しでも話したいと思わないのかい?」と私は訊いた。

「話したいとは思うよ。君も知っているとおり、ベティーとぼくは若いとき結婚した。ぼくたちが一緒にいる時は、いつもほかにだれかがいたな。よく一緒にどこかに出かけたり、一緒に何かをしたりしていたよ。一緒に何かするのが楽しかったんだ。ぼくがプロポーズした時、ぼくは良き主婦、母親を望んでいたのだと思うよ」

彼はしばらく黙っていたが、物思いに沈みながら話し始めた。「たしかに彼女は、ぼくが望んだとおりの女性だった。そして、ぼくたちは三人の立派な子供を持ち、この子供たちは、近いうちに家を出て独立しようとしている。けれども、今ぼくは何かほかのものを望んでいるような気がするんだ。つまり、話ができるような友人が欲しいんだよ。ぼくは彼女よりも成長しすぎたのかもしれない。ぼくたちの結婚は、もうつまらないものにしか思えないのだ。もう話題も尽きてしまって、小さなことでお互いに非難しあっている。そして、ついには口論さ。ぼくたちは結婚相談所に行ったんだよ。担当者は裁判で別居してみたらどうかとすすめてくれたんだ」

こういうことが大勢の人々に起こったなら残念なことではないか。こういう人たちは、まだ何年も一緒に豊かな歳月を送れるのだ。一緒に過ごした年月を思い出し、楽しく暮せるはずなのである。この人たちは、ただお互いに話し合いができないだけのことである。ほんの少しの努力をして、お互いの間柄を改善できさえすればいいのだ。

英国の作家ハックスレーが言った。「ほとんどの人間は、生まれつき退屈な存在である。お互いに、どうしたら相手からおもしろい会話を引き出せるのかを知らないからだ」

これは多くのスティーブやベティーのことをさしているのだろう。

この二人も、望んでいることは他の人たちと同じである。話をし、笑い、冗談を言い、考えを分かち合いたいのだ。人生の大部分は、こういうことから成っている。会話をうまく運ぶ能力が低ければ、人生の大きな部分を失うことにもなる。

あなたは〝スティーブ〟や〝ベティー〟にはなりたくないだろう。人間関係をいつも新鮮に、楽しいものにしておきたいだろう。上手な話し方を学びさえすれば、それらは報酬として与えられるのである。会話についての章は、もしかすると、この本の中でいちばん重要なものかもしれない。生き生きした、おもしろい話し手になるための基本的な事柄を学べるからである。

しかし、基本的な条項にはいる前に、知っておいて欲しいことがある。あまり知られていないのだが、上手な話し方をマスターするための公式である。人によっては、生まれながらに持っていて、気づかずに使っている人もいる。けれども、普通は意識的にこれを開発し、会話の基礎を築かなくてはならない。では才能ある話し手の秘訣をお話ししよう。

良い話し手の秘訣

次にあげる原則は、上手な話し方の鍵となるものである。上手な話し手はその秘訣を知っているが、下手な話し手は見過ごしてしまっている。おもしろく話のできる人は、この鍵を抜け目なく発見して、どんな会話にも、すぐに使っているのである。

さて、その秘訣は、これである。あなたの心の中にしっかりと入れておいて、他の人と接する時には、いつでも取り出せるようにしよう。

上手な話し手は、相手に楽しみと利益を与えるのである。

これは実に大切なことである。

上手な話し手は、相手に楽しみと利益を与えるのである。

ちょっと立ちどまって、このことを考えてみよう。誤解されては困るが、上手な話し手になるには、芸人のようになるべきだと言っているのではない。単に相手に楽しみと利益を与える、ということである。そして、それを実行するには、いろいろな方法があるはずだ。

また、あなたが会話を独占しなくてはならないとも言ってはいない。他人に楽しみと利益を与えるべきだと言っているのだ。スフィンクスのように黙ってすわって、他人の話を聴きさえすればよいと言っているのだろうか。そうではない。相手に楽しみと利益を与えなさいと言っているのである。

最も無視されているルール

コミュニケーションの最大の誤りは、このルールを無視することである。講演者は自分が聴衆の利益のために話をしているのだ、ということを忘れて、自分が関心を持っていることばかりを、長長としゃべりたがる。また自分を賢いと思っている人は、自分のユーモアで強い印象を与えたいと願って、ベラベラ話す。こういう人々は、自分たちが使っている方法では相手に楽しみを与えることはできないということに、気づかないのである。

あなたが意志決定しなければならない。

ここであなたは、自分の望んでいるものが何であるかを、はっきり決めなければならない。他人の注目を浴びたいのか、それとも上手な話し手になりたいのか。

あなたの望みが「無口な人」になることであったり、舞台役者のようになりたいというのなら、上手な話し手になるためのここでのルールは、あなたの目的に合わないだろう。

多くの人々は、単に他人に強い印象を与えたいために、上手な話し手になりたいと望んでいる。けれども、これではルールが逆さまになってしまう。つまり、本来はこうなのだ。良い話し手になるには、他人があなたに強い印象を与えるようにしてやらなくてはならない。

そうすれば、相手は楽しく感じるのである。

あなたの楽しみはどうなるか？

あなたの楽しみと利益は、上手な話し手であるという事実に基づいている。「今夜はなんと楽しい晩だったろう。こんなに楽しかったことは、今までになかったですよ」と人々があなたに言った時、あなたは楽しみと利益を感じるのである。あるいは、あなたと一緒にいるのが好きだ、と言われるかもしれない。あなた自身の楽しみは、このように多くの友人を持ち、その人たちと楽しい時間を過ごせることにあるのだ。

また、あなた自身の利益は、というと、あなたのキャリアの向上、与えられたチャンスの拡大、また人々と一緒にする仕事の前進という形で与えられるだろう。

しかし、そうなるためには、話をする時、相手に楽しみと利益を与えようと心を集中しなければならない。あなたの目標は、注目を浴びたり、強い印象を与えたり、見せびらかしたりすることではないはずだ。芸人のように振舞ったり、自分のすぐれている点を誇示したりすることであってはならない。繰り返しておくと、他人に楽しみと利益を与えることに目標をおきなさい。これが説得とコミュニケーションのエキスパートとなる秘訣である。

以後の三章では、この秘訣を自分のものにする方法を説明しよう。

グループ・ディスカッションのための質問

○あなたは会合やパーティなどで知らない人や知り合ったばかりの人とうまく話ができる方ですか。それとも苦手ですか。それはなぜですか。

○他の人と話していて一番「腹立たしく思うこと」は何ですか。いらいらのおもな原因は何ですか。

○あなたは会話で相手を傷つけるようなことをしているとしたら、それはどういうことを言ったりしたりした時ですか。

○「あなたもこれをやっているか？」の中の十五の質問中、自分に当てはまる項目はいくつありますか。

○「よい話し手になるには、他人があなたに強い印象を与えるようにしてやらなくてはならない」という意味をあなたはどう理解しましたか。そのためにあなたがこれから会う人にどのように働きかけたらいいと思いますか。

○これから会おうとする相手に、楽しみと利益を与えるにはどうしたらよいと思いますか。その具体的な方法を次の空欄に書き出してください。

あなたの、楽しみと利益を与える具体的な方法

16 人に好かれる話し方

有名なハーバード大学のチャールズ・T・コープランド教授は、ある時、学生に話しかけられた。上手な会話術を身につけたいというのである。

「どうして会話に関するコースが一つもないのですか」と学生は尋ねた。「会話術を身につけるために、ぼくにできることが何かあるでしょうか」。

「ありますよ」とコープランド教授は答えた。「私の言うことに耳を傾けるなら、それを教えてあげよう」

長い間気まずい沈黙が続いた。ついに学生が沈黙を破った。「先生、ぼく、耳を傾けているんですけど」

「けっこう」というのがコープランド教授の答えだった。「もうすでに、君は学び始めているんですよ」

まず、始めに

上手な話し手になることの第一の段階は、上手な聴き手になることである。五年の間、ミネアポリスの公立学校の成人教育学部では、学期ごとにスピーチには二コース、聴き方に一コースを設けた。スピーチのコースはいつも満員だったが、聴き方のコースは五年間一度も開かれたことはなかった。なぜなら、五年間を通じて聴き方のコースを希望した学生は二人しかいなかったからである。みんな話し方を習いたがり、聴き方を習いたいという人は、ほとんどいなかったのである。

二つの理由があげられる。第一に、人間は生まれつき話すのが好きだということ、第二に、人間は話すことによって、他の人に自分を印象づけられると信じているからである。

しかし実際には、相手に印象づけるには、良い話し手になるより、反対に良い聴き手になるほうが効果的である。

上手な話し方の目的は、相手に楽しみと利益を与えることだった。そのためには、聴くほうが話すよりも効果があるのである。

何千年も前から、中国の哲学者たちによって、人の話を聴くことは単に楽しみを与えるだけでなく、確実に利益を与えるという証言がなされている。

フロイドは人間の感情や混乱した経験に、はけ口を与えるために、話すことが大切であることを発見した。話させることに、真の治療法があるというのだ。患者に話をさせるというフロイドの心理分析は、心理学の新時代を開いた。

しかしフロイドの言ったことは、長年にわたって教会が行なってきたことを、科学的に系統立てただけだとも言える。人間は「ざんげ」をすると、必ず気持が楽になるものだ。「自分の胸の中のことを吐き出す」チャンスが与えられると、いつも新鮮な気持になるのである。

だから、犯罪者が警察に自首するのも驚くに価しない。「すべて自白したいと思います。罪を犯したまま、これ以上生きることは、私の良心が許しません」ということも起こるのである。この人は単に自分の持っている問題を、だれかに話したいと言っているにすぎない。

人間は理解されたいのである。心の中に持っていることについて話したいのである。

人間にとっては、沈黙は酢《す》であり、自分の考えは重曹と同じである。両方を混ぜ合わせると、泡が出はじめる。そして沈黙と考えは、話すという形で爆発するのである。

しかし、聴いてくれる人がいなければ何にもならない。そこで相手に楽しみと利益を与える一つの方法として、聴くということがあるのだ。つまりチャーチルが「黙っていられる良いチャンス」と呼んだように、時間を活用する方法があるのである。

シェイクスピアの「すべての人に汝の耳を与えよ。しかし汝の声は少数の人にのみ与えよ」という忠告は、人とうまくやってゆくための絶対的な前提条件と言えよう。

それだけではない。あなたの仕事が他の人々と一緒に進めていくようなものなら、あなたの成功は、あなたが良い聴き手になるかどうかにかかっている。最近の調査によると、平均的な重役は、次のような割合で時間を使っていることがわかった。

a　書くことに使う時間九％
b　読むことに使う時間一六％
c　話すことに使う時間は三〇％
d　聴くことに使う時間は四五％

上手な聴き方は、すぐにでも学べる技術である。この本で今まであげてきた提案の多くは、練習や訓練を要するもので、特定の状況でしか使えないものである。しかし、上手な聴き方は今日でも実行でき、いつでも使える。だれにでも、どこででも使えるものである。

あなたも今日から、これを始めよう。この章では次のことを説明する。

A　聴き方の四つの問題
B　上手な聴き手になるための四つの方法
C　避けなければならない十四の悪い聴き方

A　聴き方の四つの問題

聴き方の問題の一。聴く速さは話す速さの四倍から五倍である。英語では一分間に九十語から百二十語話せるが、聴くほうは、一分間に四百五十語から六百語ぐらいである（訳者注——日本語の場合は、話すほうは一分間に二百五十字から三百字、聴くほうは一分間に千字から千五百字）。これは相手が話すのを聴きながら、その先を考え、相手の見解をめぐって頭の中で討論できることを意味している。相手を考えの中から、いったん「追い払い」また呼びもどしているわけである。だから、相手の言っていることを、ほんとうに集中して聴いていないということになる。

ちょっと次のことをためしてみなさい。あなたが家で新聞を読んでいる時、ご主人か奥さんか、あるいは友人がそばにいたら「ほら聴いてごらん」と言って、その新聞の記事を二、三節読み上げてみる。読み終ったら、いま読んだことを復唱してみてくださいと頼む。もし相手が事実の五％を正しく繰り返したら、それがだいたい平均である。

聴き方の問題二。あなたは聴くことはあまり好きではあるまい。たぶん話すほうが好きにちがいない。あるいは相手の言うことが、あまりあなたの興味をそそらないのかもしれない。聴くということは、あなたにしてみれば、受け身の状態に置かれることである。何かほかにすることが起きたり、話すチャンスが来るまで耐えなければならない状態である。

しかし聴くことこそが、実は非常に大切なことなのである。このことを肝に銘じておこう。相手の話を聴いている時が、相手に最も良い印象を与えている時である。非常に上手な聴き手になった時こそ、すばらしい話上手になれるのだ。そのための基本的な要点を身につけたと言えるのである。

聴くことは非常な努力を要する。だから、努力しよう。良い聴き手になりたいと望みなさい。

聴き方の問題三。聴き方の第三の問題は、相手の言おうとしていることや、相手の言ったことを自分はよくわかっていると思うことから生じる。

ある晩、三十五人の成人クラスの授業が終った時、私は参加者たちにこう言った。「来週同じ時間に、三〇二号室で会いましょう。今日はこれで終ります」

その日の授業は四〇四号室で行なわれていた。

クラスのあと、三人の参加者が私の所に来て、ほんとうに「三〇二号室」でいいのか、それとも言いまちがったのかと訊いた。そこで私は、ほんとうに「三〇二号室」でいいのだと答えた。次の週は、両方の教室が開かれていた。ところが三〇二号室に来たのは、たった四人であった。残りの三十一人は四〇四号室に集まっていた。そしてこの三十一人は全員、前週の終りに、私が「四〇四号室」と言ったと断言した。

彼らは聴き違いをしたのである。私が「来週同じ時間に会いましょう」と言った時、きっと「同じ場所」と言うだろうと勝手に推測し、私の言葉を頭の中から追い払ったのである。

聴いている時には、相手が言おうとしていることを予想する傾向がある。先に行きすぎるのである。そして相手が言っていることを聴きのがすのである。

聴き方の問題四。第四の問題は「先入観をもって聴くこと」である。話している相手と、精神的な論争を起こしやすいのである。ある点で、あなたは相手の言うことに反対だとしよう。または相手があなたの思っていることと違ったことを言ったとする。

すると、あなたは考えや大切な点を聴きのがしてしまうのである。相手が大切な点を話しているのに、あなたはまだ些細な点をあれこれと思いめぐらしているからだ。

上手な聴き手になるには、まず心を開きなさい。論争となる点も受け入れて、そのうえ相手の言っていることに注意を傾けなさい。

相手の言っていることから、あなたの注意をそらさないことである。論争の穴に落ちないよう注意しなさい。

B　上手な聴き手になるための五つの方法　良い聴き手になるために練習すべき五つの方法がある。

〔方法二〕聴くのにふさわしい姿勢をとること。

先週私は、知らない人ばかりいっぱいいる部屋にはいっていった。ほとんどの人はすわっていた。この部屋にいたのは、ほんの二、三分のことだが、何が起こったと思われるだろう。その間に、個人に対して、私は暖かい気持をいだいたり、冷たい気持を持ったりするのを感じた。

あなたにも、こんなことがあっただろう。相手が立っているか、すわっているか、その態度によって、相手への感情が直ちに決まってしまうのである。私の場合は、無意識のうちに、その部屋にいた人々を、良い聴き手と悪い聴き手に分けていたのだった。その姿勢の中に暖かみを表わし、応じるような態度を示した人々に対しては、すぐに親しい気持を持った。しかし、すわっている人々のうち二、三人は、椅子にもたれかかり、ひじかけにひじをつき、半ば開いたような批判的な目で私を見ていた。

私たちの間に、厚い壁が作られたように感じた。ある会社の専務が私に話してくれたことだが、物理的な壁を作ることによってセールスパーソンを無気力にすることができるという。「私は椅子に深く掛け、腕を組み、足を組み、くちびるを固く閉じ、そして、できるだけ鋭く相手の目を見るのです。すると、いつも彼らはおどおどしてしまい、ついに名刺を私に渡し、何か買いたい時は連絡してくれ、と言いますよ」

だれかを閉め出したい時は、それでけっこう。しかし、これは聴くのにふさわしい姿勢ではなく、ちょうどその逆の姿勢である。

〔方法二〕聴くのにふさわしい姿勢

a　前かがみになること。これは興味を示している。話している相手とともに行動していることである。無関心さの代りに、機敏さを示している。

b　物理的な壁を作らないこと。口の前に手をおいたり、ひじを立てたり、腕を組んだりすることは、聴くことに対する物理的障害になる。椅子に掛けている時には、足を組むことさえも壁の一つになるのである。

c　目で聴くこと。話しながら相手を見なさい。ただし横目で見たり顔をしかめてはいけない。目を大きく開きなさい。目で興味と楽しさを示すのだ。鏡を見ながら練習しなさい。自分が話している時には、相手にこんな顔をしてもらいたい、と思うような顔をしてみるのである。

〔方法二〕真剣に興味を持つこと。精神的にはっきりと目を開きなさい。学びたいと思いなさい。

相手の言っていることを理解するには、聴くことしか方法がないことを悟りなさい。そうすれば、あなたが覚えていたいこと――つまりあなたに関心のあることだけを覚えていられるだろう。だから興味をかきたてなさい。トーマス・エジソンのようになろう。

エジソンが有名な自然主義者のルター・バーバンクをたずねた時のことである。バーバンクは客の名前、住所、趣味などを記録する来客名簿を持っていた。エジソンはこの名簿に自分の名前と住所を記入すると「趣味」という欄に「すべてのもの」と書き入れた。そして、それにクエッションマーク（?）をつけたという。

あなたもエジソンのように、多くのことに興味を持ちなさい。さもないと良い聴き手にはなれない。特に人間に対して関心を持ちなさい。人々の経験、気持、見解、そして日々の生活の些細な出来事などに深い関心を寄せるのである。人生を日々の冒険として見なさい。びっくりするようなもの、と考えてみよう。
人間は実におもしろいものである。行動の仕方、反応、話し方など、いずれも非常に興味深いものである。それを受け入れなさい。そして上手な聴き手になりなさい。

〔方法三〕熱心に聴いていることを相手に知ってもらうこと。

話している人への最大のほめ言葉は、一言ももらさないで聴いていることを知らせることである。それを伝えることである。方法は幾らでもあるが、二、三紹介してみよう。

a　顔を使うこと。表情で示してみよう。眉を上げたり、ほほえんだり、驚いて口をあけたり、ウインクしたりして、感情を伝えよう。もしあなたが「死んだような面《つら》」の持主なら、鏡の前で顔を練習することだ。生き生きとした興味を表わす「新しい顔」の練習をしなさい。

b　声を使うこと。これは簡単にするに限る。短い言葉で言うのである。「おもしろいですね」「そうですね」「私もそう思います」「そうして、どうしたのです?」「それについて、どう考えたのですか」「もっと続けてください」「なるほど」「へえ」「おもしろかったでしょう」など。

さてここで、あなたは一つの発見をするだろう。話題がつまらなそうでも、興味を持っているように振舞うと、興味がわいてくるのである。この本の最初の所で、ある行動をとると、ある感情がわくということを強調したのを覚えているだろう。感情は行動によって引き起こされるのである。

シェイクスピアもハムレットの中で、もし美徳を持っていないのなら、持っているふりをしろ、という意味のことを言っている。

興味を持っているように行動しなさい。そうすれば興味がわいてくるのである。

〔方法四〕 自分のわかっている点を確かめていくこと。

人の話を聴いていて、途中でわからなくなったことがあるだろう。話している人が、あなたに理解できないことを言ったとする。どういうことかと考えている間に、相手はどんどん先に進み、あなたは取り残されてしまう。だから、だれかに「君はこの点についてはどう思う？」と訊かれると困ってしまうのである。心の中で「どの点についてかな？」と思い、床が飛び上がるか、火事が起こるか、道で爆弾でも爆発してくれたらと思う。――何とかして注意を自分から引き離せたらと思う。

こういう事態を避けるために、自分のわかっている点を、いつも確かめていくことが必要である。何かわからない点があれば、訊けばよい。もっと説明して欲しいと言ったり、繰り返してもらったり、疑問の点に答えてもらうのは、少しも悪いことではない。

むしろ話している人にとっては、嬉しいことである。そのうえ、あなたの理解も深まり、あなたが相手に関心を持っていることも、相手にわかってもらえるのである。

〔方法五〕 復習すること。

復習のために、相手の使った言葉を繰り返そう。「今あなたはこう言いましたね」と言って、相手の話した一、二の点を繰り返してみるのである。

あとで思い起こせるように、重要な点を頭の中に刻み込んでおこう。そうすれば、もっと会話に集中できるし、いっそう突っ込んだ話をすることができる。そのための燃料を補給することにもなり、更にあなたがよく耳を傾けていることを示すことになる。あなた自身を良い聴き手にすることができるのである。

まとめ

相手に楽しみと利益を与えることは、相手の話をよく聴くことから始まる。良い聴き手になれない理由として次の五つがあげられる。

一、話す速さに比べて、聴く速さは四、五倍速い。そのために「相手を考えから追い払う」時間の余裕が生じる。

二、聴くことを好まないで、むしろ話したいと思っている。

三、相手が言おうとしていることを、自分は知っていると思いがちである。

四、先入観を持って聴くことをしがちである。心の中で論争してしまうのである。

以上のような「聴き方の問題」を克服し、良い聴き手になるための方法は、次の五つである。

一、聴くにふさわしい姿勢をとること。

　a　前かがみになること。

　b　物理的な壁を作らないこと。

　c　目で聴くこと。

二、真剣に興味を持つこと。

三、熱心に聴いていることを相手に知ってもらうこと。

　a　顔を使うこと。

　b　声を使うこと。

四、自分のわかっている点を確かめていくこと。

五、復習すること。

避けなければならない十四の悪い聴き方　聴くのに邪魔になるようなジェスチャーや習慣がたくさんある。避けたい障害物のリストをここにあげてみよう。

1、手や物を動かしたりしてソワソワしないこと。
2、話している人を見ないで、窓の外ばかり見たりしないこと。
3、相手を疑うような質問をしないこと。
4、忍耐力のない行動をとらないこと。
5、聴きながら書いたり、何か他のことをしたりしないこと。
6、時計を何回も見ないこと。
7、もしタバコを吸った場合でも、相手の顔に向かって煙を吐かないこと。
8、話している人に近づきすぎないこと。
9、いたずら書きをしないこと。
10、おかしなコメントをしたり、相手よりもすぐれたことを言おうとしたりしないこと。
11、爪のそうじをしたり、めがねをふいたり、爪をかんだりしないこと。
12、相手に代って、話の結論を言ったりしないこと。
13、自分が話したいために、早く相手が話し終ればよいのに、というふうな素振りをしないこと。
14、車の音、ラジオ、テレビ、部屋にいる他の人々の話し声や動きなどによって、自分の注意を分散しないようにすること。

グループ・ディスカッションのための質問

○あなたは話すのが得意ですか、それとも聴く方が得意ですか。

○あなたは上手な聴き手になるために、これから会う人にどう対応したらいいと思いますか。

○あなたは聴くのにふさわしい姿勢を取るために多少前かがみになっていますか。それともアゴを上げてのけぞっていますか。

○あなたは聴くのにふさわしい姿勢を取るのに、腕を組んだり、口の前に手をおいたり、ひじを立てたり、足を組んだりしていませんか。

○あなたは聴くのにふさわしい姿勢を取るのに、真剣に相手の話に興味を持って聴いていますか。

○あなたは聴くのにふさわしい姿勢を取るのに、熱心に聴いていることを相手に知ってもらう工夫をしていますか。どのように工夫していますか。これからどのように工夫するつもりですか。

○あなたは聴くのにふさわしい姿勢を相手に知ってもらうために、自分のわかっている点を確かめていますか。どのように確かめていますか。

17 話し方を改善する三つの原則

ジョーン・クウィルは人事部長である。彼は会社の入社試験に応募してきた青年の話をしてくれた。「その青年はにっこり笑って、私と握手をし、面接に備えて、気持よく機敏な姿勢ですわりました。私はすぐに感銘を受けました。彼はハンサムで、服装もきちんとしていました。そして二十五分間、彼と面接したんです」

「しかし、彼が仕事に適しているかどうかは、わかりませんでした」と彼は続けた。「彼が仕事を好きになるかどうかもわからないし、自分自身で応募したのか、またわが社の社員教育プログラムをどう思っているのかもわからなかったのです。なぜだかわかりますか。私には彼の言うことが聞こえなかったのです。『え？　何ですって？』と訊き返すのも、もういやになってしまい、どんどん先へ進めました。そして彼にお礼を言い、後で連絡するからと言って帰しました。

彼が帰ってから、再び彼の評価を検討しました。彼の話し方があんなふうでなかったら、たぶん彼を採用していたでしょう。

彼は低い声で話し、ブツブツ口の中でしゃべり、人に聞こえないように言葉をのみこんでしまう癖があったのです」

あなたもこういうことをしていないだろうか?

あなたもこんなふうだろうか? 声が聞こえなかったり、相手にわかってもらえないために、チャンスを逃がしてはいないか? もっと上手に話して、もっと良い話し手になる必要はないか。話し方の癖をもっと改善できないか。

何年もの間、話し方の訓練を受けてきた人でない限り、まちがって理解されたり、口の中でモグモグ話したり、不明瞭な発音をしがちである。上手な話し手になりたければ、まずはっきりと力強く、しかも生き生きとわかりやすく話すことを学ばなければならない。この章では、その目標に向かって最短距離を歩む方法をお話しししよう。

エジプトのファラオの墓で一冊の本が発見された。その本はほぼ三千年前に書かれたものだが、次のような忠告が書いてあった。

「人より一歩ひいでるために、汝は話の名人になれ。言葉は人の武器であり、話は戦いよりも強いからである」

今日ではコミュニケーションの八〇%以上が話すことによって行なわれている。相手に与える印象の少なくとも七五%は、話し方による。良い印象を与えているという確信が持てるためにも、わずかの時間を投資する価値がある。今はどんなにむずかしく思えても、話し方を改善したいという気持さえあるなら、必ずできるのである。

世界が古代ギリシャの雄弁家デモステネスを忘れることはないだろうが、あなたも彼の意志の強さと努力から多くのことを学ぶであろう。アレキサンダー・タイラーはデモステネスのことを次のように言っている。「彼の声は荒く粗野で、発音は不明瞭だった。身ぶりはぎこちなく、ぎくしゃくしていた。しかし、彼は、自分の欠点に気づき、雄弁家になるための練習を日夜怠らなかった。そして、ついにそれを克服したのだ。そして自分の力に自信を得て、たちまち当時最も高名な雄弁家として世に現われたのである」

デモステネスが行なった練習の一つは、あごと口の動きをよくするために、口に小石をいっぱい詰め込んで話をすることだった。もちろん、あなたがそんなことをする必要はない。

しかし、この章で紹介する三つの方法をためされることをお勧めする。そして自信を得なさい。もっとよく理解されるようになるだろう。活発でおもしろい話し相手になるための第一歩を大きく踏み出しなさい。

原則Ⅰ　はっきり話す練習　はっきりと発音しない人が案外多い。口の中でモグモグ言ったり、不明瞭な話し方をする人が多い。文の終りをのみこんだり、言葉を続けて発音したりするのだ。すると聞くほうでは聞き取りにくくなってしまう。はっきり話すために、次の簡単な練習をしなさい。

a　くちびるとあごを動かす　普通は、くちびるとあごを充分に動かさないので、言葉が明確にならないのである。これを改めるために、これから十四日間、夕食の時の会話を、内緒話をする時のようにささやき声でしてみなさい。場合によっては、もっと長時間続けたほうがよいだろう。この練習によって、あごとくちびるがずっとよく動くようになって、もっとよく理解してもらえるようになるだろう。

b　集中すること　自分の言っていることには、とかく集中を怠りがちである。その結果、発音——くちびると舌の動き——がいいかげんになる。集中力と発音を良くするために、これから十四日間、次の早口言葉を、一日五分間練習しなさい。それでも良くなったと思われない時には、もっと長期間やってみよう。まず初めはゆっくり、それから少しずつ早くしながら、少なくとも一つの早口言葉を三回はやってみなさい。

イ　隣りの客はよく柿食う客だ
ロ　坊主がびょうぶにじょうずに坊主の絵を描いた
ハ　その数珠は増上寺の僧正の数珠
ニ　長町の七曲りは長い七曲り
ホ　向こうの竹がきに竹立てかけた
へ　瓜売りが瓜売りに来て瓜売れず、売り売り帰る瓜売りの声
ト　東京特許許可局

c　音調の変化や抑揚をつけること　自分の話すのを聴いてみると、あまりに単調なのに驚くにちがいない。そして抑揚のないのに、きっとびっくりするだろう。いちばん良い方法は、テープレコーダーに自分の会話を吹き込んでみることだ。もしテープレコーダーがなければ、歌手やアナウンサーの使っている方法をためしてみるとよいだろう。まず一方の耳を前のほうに折り曲げ、できるだけ強く

頭に押しつける。そしてこの章の初めから、もう一度、声を出して読んでみなさい。他の人の耳に届くあなたの声によく似ている声が聞けるはずだ。

たいていの人が第一に気づくことは、自分の声の単調さである。抑揚がなく、言葉の変化がない。強調はいちばん大切である。どこを強調するかによって、文の持つ意味が全く変ってしまう。たとえば「私は彼がお金を盗んだとは言いませんでした」という文は、どの言葉を強調するかで、いろいろ違った意味を持ってくる。

強調と抑揚を練習するために、これから十四日間、毎日十分間でけっこうだから、声をあげて新聞を読んでみなさい。講演家や話すことを仕事としている人たちは、これを毎日の日課にしている。この方法で声を良くし、張りのある声にしているのである。

強弱と抑揚をつけなさい。耳の後ろに手を当て、耳をおさえて自分の声が良くなっているかどうかを確かめてみなさい。十四日間のうちに少しは良くなったと感じても、声を出して読む練習は、もっと続けたほうが良いかもしれない。

結局のところ、あなたの声は、あなたの人間性を伝達する最大の手段だから、改良するのに時間を使う価値は充分あるはずである。

d　正しい姿勢をすること　話す時の姿勢が悪いと、明確に話すことができない。正しく呼吸できるように、まっすぐにすわりなさい。まっすぐに立ちなさい。あごを上げて、正しい発声ができるようにしよう。

口はメガフォンのようなものだということを忘れないこと。聴きやすい方向に口を向けるのが、いちばん良いのである。話を聴いている人の方へ向けることである。

原則Ⅱ　言葉の使い方の練習　言葉によって、笑ったり、泣いたり、愛したりする。言葉は反感、憎しみ、そして死さえも生み出すことができる。一方、喜びや友情をつくりだし、生命をささえるものでもある。

言葉は成功や個人の運命を左右する。人間は言葉で考える。言葉を取り去ってみなさい。思考できなくなるだろう。

文明は言葉とともに進歩してきた。一国の運命さえも言葉によって変わることがある。人間はこんなにも進歩をとげたが、人類の進歩を示す最大のシンボルはやはり、人類が使ってきた言葉である。それなのに、人間が言葉の使い方に対してほとんど無関心なのは、とても残念である。言葉は人間性を暖かく輝かしいものにするふいごである。言葉によって人を引きつけ、強い印象を与えることができる。人生のエスカレーターを、いっそう高い頂上へと導くことができる。

だから、会話の真の目標、つまり他人に楽しみと利益を与えるように言葉を使いなさい。

これからお話しするのは、あなたの力や魅力を示すために言葉を使う方法である。それはあなたの話し方や人間性のうちに表現されるだろう。

a　他人の理解できる言葉を使うこと　「その研究者の出現に際して、彼のヘゲモニーは、空間における継続的移動によって、有視化された地域に、最小限度、同時間に及ぶようになった」

この文章にまちがいはない。この文に使われている言葉は、すべて辞書の中にある。ただ一つの問題は、この文を読んでも、だれも何のことかわからないという点である。

だれでもわかるような言葉に書き直してみよう。すなわち「彼来たり、彼見たり、彼勝ちたり」ということなのだ。

先にあげた文章は「お役所言葉」と言われるものである。その言葉は、だれも理解できない。しかし、こういう「お役所言葉」を使う人は多い。何だか自分が偉いように感じるからだ。重要な人物になったような気がするからだ。

けれども、そんなことで話が上手か下手かを判断することはできない。なぜなら、話の上手な人は、自分にではなく他人に楽しみと利益を与えるものだからである。

コミュニケーションの問題点

販売にあたってぶつかる問題の一つに、セールスでの言葉づかいがある。

たとえば、車の販売を始めたと仮定しよう。初めの二、三ヵ月は、まあまあうまくやるだろう。自分の売り込む商品に夢中で、「客の立場に立った言葉」を話すからだ。

けれども経験を積むにつれて、多くのことを学んでゆく。自分の販売する商品の部品の専門用語も知り始める。ポジトラクション、クロスシャフト、ステーリング・リンケージ、フロント・サスペンション、ディストリビューターなどと言い出すのである。そして自分でも気づかないうちに人に見せびらかすようになり、こういう言葉を使って、お客に強い印象を与えようとするのである。

お客は「私は無教養なのであなたの言っていることがわからないんですよ」などとは言わない。代わりに「じゃあ、考えておきますよ、どうもありがとう」と言い捨てて展示室を出てゆくだろう。

いちばん問題なのは、ほんとうに理解して欲しいと思っている人は、ほとんどいないということである。ただ他人に強い印象を与えたいのである。専門的な言葉を使い、習いたてのお役所言葉を使いたいのである。そしてその結果、理解してもらえないというわけだ。

だから、あなたも自分の使っている言葉の意味を、よく理解してから使うようにしなさい。あなたに理解できない言葉を相手が使った時、まちがいはあなたにあるのではない。このことを覚えておこう。まちがっているのは相手である。理解されるかどうかの重荷は、話すほうの肩にかかっているのである。だから、相手がわかるようなやさしい言葉で話しなさい。

b　描写的な言葉を使い始める方法

魅力的でわかりやすいと言われるものは「心の目」で見ることのできるものである。このことを忘れないようにしよう。

あなたの家や仕事場のまわりをよく観察して、描写的な言葉を使う練習をしなさい。次のようにするのである。出来事、場所、その他のエピソードについて話をする前に、目を数秒間閉じて、描写しようとすることを絵にして頭に描き、それからその絵を説明すればよいのである。

「うちの裏庭には数本の木があります」と言う代りに「うちの裏庭には小屋や縄があって、どんぐりがいっぱい落ちています。そこには二本の、ふしくれだったかしの木があります」と言うのである。

「私たちは郊外の家に住んでいます」と言う代りに、こう言いなさい。「私たちには猫、犬、子供たちがいて、フォルクスワーゲンがあります。付近には同じような家が約二百軒ほど並んでいます。郊外の曲りくねった道路沿いに住んでいます」

セールスパーソンなら「このかん切りを使えば便利ですよ」などと言ってはいけない。「奥さん、お腹をすかせた子供さんが『ごはんはいつ？』と叫びながら玄関から飛び込んできたら、コーンのかん詰めにこのかん切りをちょっと当てるだけで、ふたはすぐ開きます。すべることもないし、切り口がギザギザになったり、指を切ったりすることもないし手間がかかりませんよ」と言うのである。

描写的な形容詞を使い、聞いている人が興味を持てるように話しなさい。心の中に絵を描けるように、会話を色どりなさい。

警告 描写的な言葉を使うということは、主張したいポイントをはずして、ダラダラ話すことではない。また、何もかも詳細にわたって話すということでもない。話の要点を一層はっきりさせるために、描写的な形容詞を使えばよいのである。

無関係な事実や細部ばかりを並べ立てるのは良くない。話のハイライトを輝かせ、熱意と活気と興味を持って、相手にもそれを伝えなさい。

c　聞いて気持よい言葉を使うこと　あるいは「いやな気持にするような言葉を避けること」

たとえば、いやらしい、いかすじゃないか、ウソヨ、カンケイナイ、ギャー最低、失礼しちゃうわ、いやな感じ、なっちゃない、バカヤロー、バカみたい、バカね、ブッ倒すぞ、あのョー。

こんなに、あまり意味のない言葉を使いすぎている。同じ言葉や同じ表現を繰り返し言われると、聞いている人は良い気持はしない。使いすぎる言葉をチェックして、何か代りの言葉を練習しよう。

冒瀆《とく》的言葉の無意味さ　友人がこういうことを話してくれた。「ぼくの父は七十五歳だが、決して冒瀆的な呪いの言葉を使ったことがない。『呪いの言葉』を使わなくても、ほかに言葉はたくさんあるとよく言うんだよ」

呪いの言葉を使う人ほど、気持を適切に表現する能力を持っていないのである。また表現する言葉をあまり知らないということを、自分自身で公表しているのと同じである。

冒瀆的な言葉を使って良い印象を与えることは不可能である。むしろ非常に悪い印象を与えてしまう。だから、聴いている人の耳に心地よく聞こえる言葉を使うように心がけよう。ソロモンの箴言《しんげん》によると、「心地よい言葉は蜂蜜のように魂に甘く、体をすこやかにする」のである。

原則Ⅲ　ジェスチャーを使うこと　話す時に使うジェスチャーは、組み合わせれば何万という数にのぼる。しかし実際は、ジェスチャーを少しも使わない人が多い。

ジェスチャーは感情を伝え、話に生き生きとした熱意を与える。聞いている人が退屈してきた時、それを打ち破るのである。

アメリカ合衆国海軍は、ケニヨン大学のスピーチ・リサーチ・ユニットと合同して何回も実験を重ねた結果、最近おもしろいことを証明した。人間は相手の顔が見えなくても、どなられると、たいていの場合、どなり返すことがわかったのである。

この実験は、電話、インターカム、その他の装置を使って行なわれた。目的は国外の船舶に命令を下す時に最も適した声の調子を調べることにあった。その実験でわかったことだが、最初に話しかけるほうがやさしく話しかければ、話しかけられたほうもやさしく答える。怒ってどなれば、同じような返事が返ってくるのである。

あなたの話を聴いている人は、あなたのムードと感情を反映する。すわりこんで、むっつりと話せば、聴くほうにも大きな感情は生まれない。ふつう成人の場合、聴くことに専念できる時間は、十五秒と推定されている。それ以後は聴き手の興味は薄れ、注意力が乱れると言われている。だから相手の注意を惹きつけておくには、十五秒ごとに何かして、相手の注意をこちらに引きもどさなくてはならない。ウィンクしたり、頭をかしげたり、肩をすぼめたり、手を使ってジェスチャーをしたりするのである。前へ乗り出したり、後ろにさがったり、とにかく動き続けることである。

この練習を鏡の前でしてみなさい。自分に話しかけてみるのである。眉を動かし、頭をかしげ、口をあき、手の動きを練習しなさい。

このようなジェスチャーによる動きが、あなたの会話に輝きと生命を与える。

忘れてはならないこと　いちばん大切なジェスチャーはすでにお話しした。ほほえみを忘れないことである。話の専門家はこれを自分の習慣にするために努力を重ねている。世界中に名を知られているある講演家は、ほほえむ習慣を身につけることが、何にもましてむずかしかったと語っている。

ほほえみながら話そう。話す時に、くちびるの両端を上げるようにしよう。

ほほえむことはよくわかった。では「まじめな厳粛な感じを出したい時は、どうすればよいのか」と訊かれるだろう。それは簡単である。いつでも、したい時にはできるではないか。今もやりすぎているのではないか。むしろ、ほほえみを練習しなさい。ときどき大きな笑いに広がるほほえみを。しかし、これは非常にむずかしいことである。話にリズムと軽快さを加えなさい。これが最大のジェスチャーである。

話し方を改善する三つの原則

わかりやすく、おもしろく、生き生きした話し方をするための原則は次の三つである。

I　はっきり話すこと

a　くちびるとあごを動かすこと

b　集中すること

c　音調の変化や抑揚をつけること

d　正しい姿勢をすること

II　言葉の使い方

a　他人の理解できる言葉を使うこと

b　描写的な言葉を使うこと

c　聞いて気持のよい言葉を使うこと

III　ジェスチャーを使うこと

a　ジェスチャーを使って活気のある話にすること

b　ほほえむこと

グループ・ディスカッションのための質問

○あなたは口の中でモグモグ話したり、不明瞭な発音をしていませんか。それともはっきりと力強く、しかも生き生きとわかりやすく話す方ですか。
○口の中でモグモグ話したり、不明瞭な発音をしないためにどのような練習が効果的だと思いますか。
○原則Ⅰの「はっきり話す練習」のａからｄの四つの中で、あなたはどの方法をまず使って話し方の改善をしますか。また、どのように使いますか。
○原則Ⅱの「言葉の使い方の練習」のａからｃの三つの中で、あなたはどの方法をまず使って話し方の改善をしますか。また、どのように使いますか。
○原則Ⅲの「ジェスチャーを使うこと」を活かすために、話の中にどのようにジェスチャーを取り入れますか。鏡の前で練習をする内容はどんなことですか。
○一番大切なジェスチャーは「ほほえみ」であると言われています。あなたは「ほほえみ」が上手な方ですか。下手な方ですか。それはなぜですか。

18 相手の心をとらえる六つのルール

「みなさん、だれでも心の底では臆病者です。けれども、私は、危険に直面した時に、自信を与えてくれるものを、一つ見つけました」

これはカレッジ・フットボールの往年のすぐれたクォーターバックの語った言葉である。ミネソタ大学のベーブ・ルボアは、一九三〇年代にアメリカのチャンピオンチームで活躍した人である。私たちは昼食をとりながら、アフリカ原住民に殺された宣教師たちの話をしていた。もしそういう危険にさらされたら、私たちはどういう反応をするだろうと話していた。冒頭の言葉は、その彼が言った言葉である。

フットボール競技場で多くの肉体的な危険と精神的ストレスを経験し、いつも心の沈着さを要求されてきた人間が、「だれでも心の底では臆病者です」と言ったのである。

彼は続けた。「私はシカゴのオールスターゲームの時に、そう思ったのです。一般にフットボール選手はみんな勇気があると思われています。しかしそうではありません。彼らも他の人と同じように、こわいのです。あのオールスターゲームの前、私も不安でいっぱいでした。ゲームの前の晩は、心配で夢にまで見たほどです。そしてスタジアムでウォーミング・アップをしていた時は、何万人という観衆に気負されていました。どうしたらゲームをする強い気力を持てるだろうと思ったものです。

そしてゲームが始まりました。すると私は、全く別の人間になっていました。もはや恐れも心配もありません。そしてゲームは、思ったよりも、たいへんうまくいったのです。

その後、この教訓は、人生に挑戦する時に、いつも多くのことを教えてくれました。その教訓というのは、私たちが必要とする時には、いつも心の中から勇気がわいてくる、ということです。本当なんですよ。今こうやって平和に語り合っている君とぼくは、もし生命の危険に直面したとしたら、どんなにこわいだろうかと思っています。しかし、ほんとうにその状況に直面したら、自分でも驚くほど勇気が出てくると思いますよ。なぜなら、耐えなくてはならない試練に打ち勝つために、神は必ず勇気を与えてくださると信じているからです。

私に自信を与えてくれたのは、この知識です。何か気がかりなことがあっても、必要なときには必ず力と落着きが出てくると信じています。だから、どんなことがあっても、あえて前へ進んで行こうという気になるのです」。これがベーブの話だった。

彼は自分でも気がつかないうちに、相手の心をとらえるためのルールに従っていたのである。彼はベールや誤った誇りなど、自分を飾っているエナメルを全部はぎとっていた。エナメルで自分を隠している人は実に多い。しかし彼は自分をさらけ出し、自分が恐れていたことを認めた。自分はいつも不屈の勇気を持っていたなどといううそをつかなかった。人生の問題に直面し、解答を得たひとりの人間として、内面の疑いと恐れを語ったのである。

だから、こんなに話がおもしろかったのである。だれが聴いても心を動かされたにちがいない。

人と話をしている時、相手の心をとらえたければ、相手の心をとらえるための第一のルールを、まず実行しなさい。

【ルール1】 自分をさらけ出すこと

ある晩スピーチのクラスでのことである。生徒たちは、それぞれ自分の選んだ題について、三分間のスピーチをすることになった。題は「ノミの訓練」から「パキスタンの石油資源」などまで、いろいろであった。

しかし、その晩、賞を獲得したのは、自分をさらけ出した女性で、最もみんなの心をとらえたのである。彼女は黒人で、次のように話を始めた。

「私は白人と結婚しました。私たちの結婚における最大の問題について話をしたいと思います」

彼女はここでちょっと話を切り、クラスの全員が彼女に注意を向けるのを待った。クラスの生徒たちは、劇的な出だしで自分をさらけ出した女性の卒直な話しぶりに、われを忘れて彼女を見守った。

「私たちのような結婚をした場合には多くの問題が伴います。私たちが一緒にいる時の、周囲の好奇心にあふれた目、近所の人々から受け入れてもらえる住居をさがすこと、両親や親類の心配など、ちょっと数えてもきりがありません。

けれども、ほんとうに胸がしめつけられる思いをするのは、八歳になる息子が泣きながら学校から帰ってくる時です。『ママ、どうしてぼくには、お友だちがいないの？　ぼくは友だちが欲しいのに。みんなぼくをからかうんだよ。だれもぼくの友だちになってくれないんだ』という時です。

息子の肌の色はとても白いのです。でも息子は、白人でも黒人でもなく、どちらのグループにも受け入れてもらえません。黒人も白人も息子をからかうのです。夫と私は、自分たちの問題を理解し合い、悟ってもいますが、八歳の子供にどうやって〝差別〟を説明したらよいのでしょうか。どちらのグループにもいじめられるのは、何か悪いことをしたためではなく、息子の存在自身に原因があるのだということを、どうやってわからせたらよいのでしょう。そして、答えはないのだ、と思います。息子に理解させる方法はないのです。問題を背負ったまま成長してゆき、自分自身でわかるよりほかに方法はありません。

けれども、母親として子供の目の前で同情を示すことはできません。子供が自分自身にあわれみを持つようなことはしたくないからです。ですから私は、ひとりになるまで涙を見せません。しかし、私の最も悲しい瞬間は、ドアが開いて、そこに涙でぬれた息子の顔を見る時です。またからかわれて帰ってきたのだ、その試練をほんとうに理解するには、まだ小さすぎるのだと思うのです。それは息子がおとなになるまで続くでしょう」

そして彼女は具体的な問題点や、この問題について、どのように学校当局と話し合ったかなどを説明した。

彼女は不平は言わず、説明したのである。自分をさらけ出したのだ。彼女が席について、数秒間の沈黙のあと、生徒たちから拍手が起こった。彼女は自分を飾らないで正直にさらけ出し、その夜、最も人々の心をとらえた人間になったのである。そしてクラスの人々の注目を一身に集めたのである。

ユーモアとは自分をさらけ出すことである　先にあげたのは、自分をさらけ出すことのうちでも、まじめなやり方であった。しかし、もっと愉快で陽気な方法もある。たとえば次のような場合である。

「現在こんなにたくさんの問題をかかえているのに、なぜ今晩こんなに楽しいのか、自分でも不思議なんです。今日の午後、帳簿を調べていたら、先月の車の月賦や子供服の支払いや、家賃の支払いなど、どれもまだ払っていないことがわかったんです。小切手帳には、もう七九ドル八三セントしか残っていないのに」とボブ・ジョンソンが言った。

「それに七九ドル八三セントという額もあやしいもんですよ」と彼の妻が続けた。「二ヵ月前から小切手帳は私が責任を持っているんですが、銀行の計算と私の計算とが合わないのです。先月は二六ドル一〇セントも残高が違っていたし、先々月は三七ドルも違っていました。私は算数の点はいつも良く、得意だったのに、どうしてこういうことになるのでしょう」

「しかし、本当の問題はほかにあるのです」とボブが受け継いだ。「問題は、支払い日が、あと十日後に迫っているということです。いつも支払日の前になると、小切手を数枚切っていたんですよ。そして自分の給料が手にはいると、すぐ昼休みに銀行にとんで行って預金しちゃえば問題なかったんです。たいていそれでオーケーでした。過去九ヵ月に超過引出しは、たった二回しかしてなかったんですから」

すると笑いが起こり、その後の話も愉快なものになった。みんなから、予算の問題、分割払い、家計のやりくりなどの話が出た。そしてその話題を提供したのは、自分たちをさらけ出して話題の中心になったふたりであった。

財政上の問題で一度も苦労したことのない人など、私はほんの数人しか知らない。あなたの知っている人たちの中で、自分の財布の中に幾らお金がはいっているか、公開できる人は、いったい何人いるだろう。

以前、とても愉快な手紙を書く人のことを耳にしたことがある。受け取った人がみんな、こんなおもしろい手紙は見たことがないと言う。どこがそんなにおもしろかったのか見当がつくだろうか。彼の使った便箋が愉快だった。自分の財政状態が一目でわかる小切手帳の裏を使っていたのである。

いつも自分自身であること　G・ハーバート・トルー博士は講演を職業としている。つまり話の専門家である。

プロだから、もちろんその話しぶりは、人の心をとらえるものにちがいない。その彼が話してくれたところによると、人の前で話すにあたって最大の障害となったのは、彼自身であったという。自分を克服してさらけ出すことが、いちばんむずかしかったという。

自分のありのままの中身を見せるということは簡単ではない。彼は天命について語り、子供の育て方について語り、社会問題への意見を述べる。それは最もプライベートなことについて話すことでもある。しかしそうすることによって他人を魅了している。その話は決してお説教臭くないし、人間の欠点を道徳的見地から批判するわけでもない。ただ卒直にありのままの自分を見せるだけである。

テレビのスターダムにジャック・パーを押し上げたのも、これと同じものではないだろうか。稽古専門の喜劇役者というイメージを脱して、番組で本当の自分を表わした時、人気者になったのである。

彼は二千万の人々の前で泣き、自分の人生の失敗問題を語り、他人の非難や叱責を話すことさえ恥じなかった。彼もまた、裸の自分を見せることによって興味を集めたのである。

アーヴィング・バーリンは、ジョージ・ガーシュウィンに初めて会っただけで、すぐガーシュウィンの天才的な才能に気づいた。当時ガーシュウィンは、週給三五ドルでティン・パン・アリーで働いていた。バーリンはその三倍の給料でガーシュウィンに仕事をしてもらいたいと言った。しかしバーリンはその時、こう忠告した。「だが君は、ぼくの申し出を受けないほうがいいだろう。なぜなら、いま君がぼくの仕事をすれば、君は二流のバーリンになってしまうからだ。しかし、あくまでも君自身であれば、いつかきっと一流のガーシュウィンになるだろう」

ガーシュウィンは自分自身でありつづけた。そしてついにアメリカの伝説的な作曲家となったのである。

いつも自分自身でありなさい。ありのままの自分を見せることをためらってはならない。

「どのようにしたら、上手な話し手になれるか」という論文を、クリストファーは次の文章でしめくくっている。(この本は公衆の前でする演説のために書かれたものだが、相手の心をとらえる話をするときにも同じように役立つだろう)

「ありのままのあなたでありなさい」

将来演説家になりたいと志している人々が犯しやすい誤りは、現在成功している話し家のまねをしたがるという点である。自分の個性や特色を発見して、それを生かそうとはしないのである。

天はあなたに、あなただけしかない個性を与えてくれた。あなたの考えること、言うこと、することのすべてに、独創性と個性が発揮されることを望んでいる。あなたの言葉の選び方、表現の仕方、強調点などは、ほかの人々とは少しずつちがうはずである。あなたの話し方の個性が、あなただけにしかない特質をかもし出しているのである。

「自分を主張しなさい。――決してまねをしてはいけない」というエマーソンの忠告を忘れないこと。

想像力のある資質豊かな話し手になりたいのなら、ありのままのあなた自身でありなさい。

【ルール2】 自分が関心のあることについて話すこと

相手の心をとらえるには、まずあなたが何かに興味を持つことである。興味のないことを、いくらおもしろそうに話しても、人はだまされない。

私が友人のオフィスで、当の友人を待っていた時のことである。秘書の机の上に部厚いベストセラーの本が置いてあるのに気づいた。そこでその秘書に、それを読んでいるのかと訊いてみた。彼女はいま読んでいる最中だと言った。私は重ねて、おもしろいかどうかと訊いてみた。

すると「卒直に言って、少しもおもしろくありませんわ」と言う。「この本を読むほど大変なことはないと言ってもいいぐらい、つまらない本ですわ。退屈で死にそうになります。でも、もう終りそうですから」

「好きでもない本を、どうして読んでいるのですか」と、さらに尋ねてみた。

「私も、この本の話をしたいからです。この本について知的な会話をしたいからですわ」と彼女は答えた。

こんな調子で読んでいれば、彼女の話がどんなものになるか、およそ想像がつく。全く興味の持てない本を苦心して読んだあげく、その本について、おもしろく話をしようというのだから。つまらないと思いながら読んだ本について話をするよりは、毎日の体験や出来事について語ったほうが、どんなに相手の心をとらえることができるかわからない。

年鑑や雑誌の出版社は、本に載せるおもしろい記事をいつもさがしている。大衆の注目を集めるような記事が欲しいのである。スタッフには優秀な文筆家がたくさんいる。だから、たとえばアフリカについての話が欲しければ、スタッフのひとりを図書館にやって書かせることもできる。アフリカに行かなくても、資料を調べれば書けるのである。それなのになぜ書かせないのだろうか。

出版社はおそらくこう答えるにちがいない。われわれが求めているのは、実際にそこへ行ったことのある人間である。彼らのさがし求めている人は、アフリカに関心を持ち、自分の目で確かめようとしている人である。そういう人だけが、読者の心をつかむことができ、自分の感情と自分の見解と自分の興味を持っているからである。

ほかの人があなたに求めているものも、このあなたの経験や興味である。

だから、先の秘書も「秘書をしていておもしろく思うこと」とか「けさ出勤途中で起ったこと」などについて話すほうが、ずっとおもしろい話になるにきまっている。単調でつまらない本について話すよりも、どれくらいいいかわからない。

相手の心をとらえる人間になるために、自分が興味を持っていることを話しなさい。

【ルール3】 実例や逸話を使うこと

だれでも話を聴くのは、好きなものである。たとえば次のような話はどうだろうか。

一、ジェイニー・ボウモントは小さな町に住んでいる若い女性だが、高額の収入を得ている。二十二歳で、所得はなんと年間一万ドル以上。

彼女は人口三千二百四十六人の町、ミッドタウンの高校へ通学。そこを卒業すると、ちょっとの間、近くの歯科医院で、受付をして働いた。しかし彼女の夢は大きかったので、彼女は都会に出てナショナル・ビジネス・スクールに通うことにした。秘書課程を勉強するためである。そこで機械を使う速記を学び、それを習得すれば、裁判所の速記者になれることを知った。

彼女は裁判所の仕事を目標とした。そして少なくとも一日三時間の訓練を二年間続け、ついにスピードテストに合格した。それは一分間二百語のスピードだった。彼女は裁判所の速記者として必要な能力を充分持っていることがわかった。そしてテストに合格してから二年たらずのうちに、年間一万ドル以上の収入を得るようになった。これこそ、文字どおり彼女の目標意識と努力に対する報酬であった。

これを次のように書いてみよう。

二、法廷速記はおもしろい分野であり、多額の所得を約束する。しかし、そのためには学校に通い、毎日訓練を受け、そして能力検定テストに合格しなければならない。若い人々もこの分野で大勢活躍している。

さて、一と二を比べて、どちらの文章がおもしろいだろうか。きっと一のほうがおもしろいと思われるだろう。

なぜ一のほうがおもしろいのだろう。おもな理由は三つある。

1　まず一は物語になっている。物語はいつ聴いてもおもしろい。実話、逸話、それにいろいろな物語はとても楽しく、会話に輝きを与える。

一はジェイニー・ボウモントという人の物語であった。人間の話であり、彼女が成功した話であった。インスピレーションがわいてくるような話は、人の興味を引かないではおかない。

それに反して、二は物事――つまり法廷速記――についての説明だけだった。物事はあまり人の興味を引かない。人間ほど興味を起こさせないのである。

物事よりも人間のほうが、ずっと人の心をとらえる。

2　この物語には主人公がいた。だれでも物語中の主人公が好きである。

物語を聴くと、自分が主人公になったような気持になって、引き込まれていく。そして、一ではジェイニー・ボウモントが主人公だったのである。

3　一の例は具体的であった。事実を語っていた。少なくとも十四の具体的な名前、場所、数字が出てきた。しかし二の例は事実を述べていない。一般的な言い方で、法廷速記という事柄を説明しただけである。名前、場所、時間、数字などのような具体的な説明がないために、あまり興味を引かないのである。

イソップ物語には、要点を説明するために寓話が使われているため、今日でも広く愛読されている。何世紀も前に書かれた当時よりも、今のほうがよく読まれているだろう。

だから、あなたも相手の心をとらえたければ、実話や逸話を使って物語風にしなさい。その時、次のことを忘れないようにしよう。人間のほうが物事よりも興味を起こさせること。一人の主人公が登場したほうがおもしろいこと。一般論より具体的事実のほうが興味を引くこと。

【ルール4】 出だし言葉で相手の心をつかむこと

話をするときに、いちばん大切なのは、最初の十秒間である。

なぜなら、その十秒間で勝負がついてしまうからだ。気が散っている人や、興味を示さない人の心に食い込むのは、このときである。相手を集中させ、興味を惹くのは、このときしかない。

フランスの哲学者で本も書いているラ・ロシュフコーは、こう言っている。話していて愉快になる人が、あまりにも少なすぎる理由は、みんな相手の話していることよりも、自分の話そうとしていることばかりを考えているからだ、と。

最初の十秒間で、相手の気持を惹きつけなさい。相手の心をとらえなさい。興味を持ってあなたの話を聴くようにするのである。

おもしろい出だしの言葉　おもしろい出だしの言葉は、あなた自身を紹介することである。スピーチが始まる前の紹介ではふつう話し手は、いろいろと誇張した言い方で紹介される。あなたも話の初めに、これと同じことをすればよい。これから話すことについて、謙遜しすぎたり卑下したりしてはならない。上手にスタートを切りなさい。次に紹介するのは、私が聴いたうちで良いなと思ったものである。

「私がこれからお話しすることは、あなたにとって非常に大切なことなのです」。この場合の言うべからざる言葉は「これはあなたには、あまり大切なことに思えないかもしれませんが……」

「これはあなたのビジネスにも関係あることですから、あなたもきっと興味を持たれると思いますよ」。ベカラズ「あなたのビジネスでは、古い話になっているかもしれませんが……」

「おもしろい話があるんですよ」。ベカラズ「あまりおもしろくない話で恐縮ですが……」

「おもしろい話ですから、よく聴いてくださいよ」。ベカラズ「おもしろくない話なので、興味はお持ちにならないかもしれませんが……」

「この十日間のうちで、ぼくが聴いた一番おもしろい話なんだけど」。ベカラズ「だれにでもおもしろい話ではないかもしれないけど、ぼくにはおもしろかったんですが……」

こういうおもしろい出だしの言葉を言ってから五、六秒、間をおきなさい。そして相手の心のギアを、あなたの話そうとしていることに変えなさい。それから話し始めるのである。

いま紹介した出だしの言葉は「良い点を強調し、悪い点を無視する」ための一つの方法にほかならない。このような言葉を使って話のムードをつくり、相手の心をとらえて離さない人になりなさい。

【ルール5】 ユーモアを恐れないこと

ユーモアを言うのに特別の才能は必要としない。ユーモアを言ったり、おかしな話をしたりするのをためらう人が多いようだが、何もためらうことはない。

ウィリアム・タッカレーは「良いユーモアは最高の洋服の一つである」と言った。

また笑いは神から与えられた贈物である。それなのに充分に活用していないのである。ユーモアのセンスを生かし、おもしろい話をさがしてみよう。みなと一緒に笑う喜びを知ることである。

ジョン・ウェアーズは「人が笑えば神が満足する」と言っている。

ホラスは「愛と笑いの中に生きよ」と書いている。

エマーソンは「笑いによって学べ」と言った。ヘンリー・ワード・ビーチャーは「陽気さのない人は、バネのない馬車のようなものだ。道路に落ちている小石一つ一つにぶつかるたびに、不愉快にガタガタ揺れる」と言った。

笑うと元気がわき、循環を良くし、緊張をやわらげる。話を豊かにする最も大きな力なのである。

アルフレッド・スミスは、話し上手で知られていた。話すことにいつもユーモアの味をそえたからだ。彼はこう言っている。「もし人を笑わせることができれば、その人を考えさせることも信じさせることも、また好かれることもできる」

あなたの話に花をそえるおもしろい物語を集めなさい。その物語は、人が大笑いするようなものでなくてもけっこう。楽しんで聴くことができ、くすくす笑えれば充分である。それであなたは、聴く人を喜ばせているのである。その人たちの一日に何かプラスしたことになるのだ。

さて、話をする時の秘訣として次のことを覚えておきなさい。

a　特別に上手でない限り、方言を使わないこと。

b　だらだらとポイントの決まらないことを話さないこと。手早く要点にはいること。

c　聴いている人に、その話を前に聴いたことがあるかどうか、しつこく尋ねないこと。おもしろい話ならば、二回聴くのも良いし、二回目のほうがかえっておもしろいこともある。おもしろい話は、良い歌と同じである。もし一回しか歌を楽しめないとしたら、ベートーベンを繰り返し聴く人は、ほとんどいなくなってしまう。

d　自分自身を笑いの種にすることは、話をいっそう快い、ユーモラスなものにする。あなた自身を笑いの標的にしなさい。

ジャック・ベニーは長い間、自分をけちん坊のイメージで売り込んでいる。

またアメリカでおもしろい演説家として名を売っているビル・ゴーブは、次のような出だしで、いつも話を始めたものである。「みなさん、ご存じのように、私はたいへんおしゃべりです。ある日の午後、娘のハリエットが学校から帰ってきました。そして母親に何かを尋ねました。母親は『お父さんが帰るまで待って、訊いてごらんなさい』と答えました。するとハリエットは、『だけど、それほどまでして知りたくないのよ』と答えたというんですよ」

e　本番の前に練習すること。新しい物語を話すときは、二、三度自分自身に話してみて、リハー

だれかのことを言って聴いている人を笑わせようとするなら、その的をあなた自身にすること。

サルをしなさい。「本番」のときには、ずっとよくなるにちがいない。上手にできれば、その後も何回も使える話を習得したことになる。

良い材料の集め方　昨夜、私は夕食会に行った。その時ひとりの人が、七、八人のグループと話をしていた。そしてその人の話を聴いて、みんな大笑いしてしまった。けれども、ただひとりだけ笑わない人がいた。彼だけは少し眉をしかめ、床を見ていた。それは彼が心から信じている信仰を、バカにされたからだった。

この出来事以来、私はいつも次のガイドを皆さんに紹介することにしている。これは話の材料を集めるのに非常に役立つ。

悪い材料とは、次のようなものである。

婦人が気まずくて顔を赤くするもの。
だれかの心を痛めるもの。
聖なるものを汚すもの。
人間の弱さを笑いの種とするもの。
神聖なものを冒瀆《とく》して笑うこと。
幼い子供が泣き出すもの。
みんなが一緒に笑えないもの。

【ルール6】 いつも準備しておくこと

あなたはパーティーの花になれたかもしれない。またウィットに富んだおもしろい話で、昼食会の人々を魅了できたかもしれない。または夕食会に招いた夫妻を大笑いさせることができるかもしれない。

あなたが翌日になって思いついたようなことを、そのときに言ってさえいたならば！　しかしもう遅すぎる。そのときになぜ思いつかなかったのか、自分をけっとばしたい思いだろう。こういう状況を思い出して、何回か悔んだことがあるにちがいない。そのときにおもしろいことさえ言っていれば話の上手な人間になれたのに、と悔しく思われたことだろう。

こういうことを避けるには、前もって話を用意しておくことだ。突然話さなければならないハメになることは、そうたびたびあることではないのだから。

この章では、相手を楽しませるような話題について学んできた。またこの章では、会話に積極的に加わり、相手の心をとらえる人になるためには、どんな材料が良いかを学んだはずである。

エピソード、物語、実話、逸話、経験など、あなた独特のものがあるはずだから、それを小さなノートに書いてみなさい。そして話す前にノートを読み返してみて、どれを使うか考えておこう。

話す前に、もう一度記憶を新たにしておけば「言葉が思いつかないで」困ることもないだろう。

こうすれば、話した後ではなく、話す前に言うべき事を考えておけるのである。

準備をすれば、あなたはもっと相手の心をとらえることができる。
話をする時に次の六つのルールを忘れないようにしなさい。
一、自分をさらけ出すこと。
二、自分が関心のあることについて話すこと。
三、実例や逸話を使うこと。
四、出だしの言葉で相手の心をつかむこと。
五、ユーモアを恐れないこと。
六、いつも準備しておくこと。

グループ・ディスカッションのための質問

○あなたは自分を飾っているベールをはぎとって内面の疑いやおそれをさらけ出すことができますか。それとも自分を隠す方ですか。それはなぜですか。
○ルールⅠの「自分をさらけ出すこと」を実行する場合に伴う危険は何だと思いますか。逆に「自分をさらけ出すこと」によるメリットは何ですか。あなたはどちらを選択しますか。それはなぜですか。

○「ユーモアとは自分をさらけ出すことである」と言われています。あなたはどんなユーモアで自分をさらけ出すことができますか。その結果相手の心の中にどのような変化が起きますか。

○あなたが「いつも自分自身であること」を実践するにはどのようにしたらいいと思いますか。その具体的な方法について語ってください。

○相手の心をとらえる六つのルールの中で、あなたはまずどれを、どこで、いつ実行に移してみようと思いますか。

19 明るい人間関係を維持する

さあ、準備は完了した。

聴き方も学んだし、話し方もわかっている。この二つを身につければ、上手な話し手になれるのである。この章では、次のことを説明する。

一、短い会話をする方法。

二、長い会話をする方法。

三、会話をコントロールする方法。

話すことと聴くことを、うまく組み合わせることを学ぶのである。

この話にはいる前に、話す時間と聴く時間を、どう配分したらよいかをお話ししよう。すぐれた話し家でも、ときどき無視してしまう問題だが、あなたも多分知りたいだろう。

聴き手がはっきりとあなたの言うひと言ひと言を、心にとめていることが明らかな時はよい。しかし、あなたの話をもっと続けて聴きたいと思っていない場合は、次のルールを守って、話を制限しなさい。全体の時間を人数で割るのである。それがあなたの話してもよい時間である。

もし五人の人がいれば、五分の一の時間があなたのものである。二人なら二分の一。

しかし、それだけの時間が、あなたのために保証されているとは思わないこと。

自分の話す時間を得るために、人が話しているのを中断してはいけない。というよりも、どんな理由があっても、人の話の邪魔をしてはならない。それがほんとうに上手な話し手かどうかを決める決め手である。なぜなら、話し上手な人は、決して人の話を中断しない。逆に人に自分の話を中断させるのである。

なぜなら、話し上手な人は、相手が話したいと思っているときに、こちらが話しても意味がないことを知っているからだ。相手は聴いてくれないことがわかっているのである。

だから、だれかが話したそうなサインを送っていないかどうか、いつも注意深く見ていなさい。そしてサインがあったら、話をやめなさい。そしてすぐ相手に話させてあげなさい。それ以上しゃべってもむだである。相手は聴いてくれはしない。

では、以上のことをよく心にとめて、話し方の三つの方法にはいろう。

短い会話をする方法

次のような状況におかれたら、あなたなら何を話すだろうか。
一、あなたはセールスパーソンで、初めてお客様を訪問した場合。
二、招かれた昼食会で、あなたの両側の席に知らない人がすわっている場合。

三、バスの停留所で、毎朝顔を合わせる人と会った場合。
四、昼休みに新入社員と同じテーブルについた場合。
五、夕食会で人に紹介された場合。
六、就職の面接試験を受けた場合。
七、サークルに参加したばかりで、新規会員のために「知り合う会」の会場にはいった場合。
八、会社のパーティーで上役の奥さんに初めて会った場合。

以上は「短い会話」の典型的な舞台であり、簡単な会話を交わす場所である。しかし、どの場合も「良い印象」を残したいものである。

こういう状態は、一般に最もいやがられ敬遠されて、できるだけ避けたいと思われている。しかし、これは会話をする最もよいチャンスなのである。将来も長く続くような友情が生まれるかもしれない。ここで短い会話のためのテクニックを学び、練習しなさい。短い会話を通して、興味を惹く人々にめぐり会うこともできるだろう。

第一の基本事項　まず第一に、短い会話と長い会話のちがいを理解しなさい。

短い会話では、人間の外面的なことを話し、長い会話では、人間の内面的なことを話す場合が多い。短い会話では、ちょっとした印象、意見、出来事、経験、状況などが話される。長い会話では、もっと内面的な感情、人生における挑戦、重大な出来事など、二、三分では話せない事柄が話される。

だから、個人的な短い会話にならないようにしなさい。相手の個人的な感情や領域に立ち入って、何かを探ろうとしているような感じを与えないようにしなさい。

短い会話の第二の基本事項　相手を楽しませるには、相手が話したくなるような事柄を選んで話すのである。次にあげたのは、人が話したがる事柄である。好まれるものから順にあげてみた。

1　自分自身。人は自分に起きたこと、自分の見たこと、自分の聴いたことなどを話したがる。男性は仕事、希望、仕事におけるよい出来事などについて話したがる。女性は自分の家庭、買物、子供などの話題を好む。

2　自分の意見。人は自分の意見を表明するのが大好きで、自分の知らないことまで、何か言いたがる。こんな電話調査をしたことがある。実際には存在しない法案について、人々の意見を求めたのである。そうしたら、多くの人たちは、存在もしないテーマなのに、長々と意見を言った。「私にはそのことについて、意見はありません」などというのは、全くまれなことである。ないときでも、大急ぎで喜んで意見を作るものなのだ。

3　他人のこと。第三の話題は他の人々である。人々は人間について話すのが好きである。正直に現実を見てみよう。人々はゴシップが好きである。それは人間に魅惑を感じるからだ。人間についての驚くべきことを話したがり、人間に関係のある明白な出来事を話したがる。しかし「人々に関する話」が気持のよい楽観的なもので、ゴシップ的なものでないとしたら、本当の楽しみが得られるだろう。この挑戦に応じるかどうか、あなた次第である。

4　物事。このカテゴリーにはいるものは、天候、政治、テレビ番組、時事問題である。それらについて相手の意見を聴いていけば、このカテゴリーは第二のカテゴリーにもなる。「今日はほんとうに寒いですね」と言う代りに「今日は不凍液を車に入れたほうがいいでしょうか」と尋ねてみなさい。

5　あなたのこと。申しわけないが、これはリストの最後に来るのである。けれども、この話題も長々と話さなければよい。手術、病気、家庭内のいざこざ、批判や非難のようないやな話さえしなければ、おもしろくすることができる。

けれども、最後の「あなた」よりも、初めの四つの話題のほうが会話をおもしろくするのだということを忘れないこと。

短い会話の第三の基本事項　あなたは相手から会話を引き出さなくてはならない。そのために、次のような道具を使いなさい。

道具1　質問をする。しかし、一言で答えられるような質問ではだめだ。「仕事が楽しいですか」などと訊かないこと。「あなたの仕事のどういう点が好きですか」と訊こう。「あなたの住んでいらっしゃる所は便利ですか」と訊いてはだめである。「あなたの住んでいらっしゃる所は、どういう点が便利ですか」と訊きなさい。

指輪、宝石、組織のバッジ、衣服、部屋の中の置物、このような小さな物事についても質問をしなさい。質問ほど会話をスムーズに運ぶものはない。相手の意見、仕事、家族、趣味、興味、経験、家庭、休暇、好きなもの、きらいなものなどについて尋ねよう。

道具2　砕氷船。さて、これは短い会話を長続きさせるための、おしゃれな方法である。まず事実や出来事を話し、すぐに相手の意見を訊くのである。これから一週間、毎日、新聞から幾つかの項目を選んで、このテクニックの練習をしなさい。

「議会が経費の増額を計画しているけど、君はどう思う?」

「朝刊に都市の警官はその都市内に住むべきだという記事があったけれど、なぜこんな規則が必要なのかな。君はどう思う?」そして「公平だと思うかい?」と助け舟を出し、続いて「これが警察力にどんな影響を与えると思う?」と訊くのである。

砕氷船として使える記事は、どの新聞にも山ほどある。小さなエピソード、出来事、経験についても同じテクニックを使いなさい。まず説明し、そして意見を求めるのだ。または「こんなことを、君も経験したことがある?」というふうに訊くのである。

道具3　リクエスト。「君の旅行の話をしてくださいよ」は、リクエストの一例。経験、出来事などを説明してもらうための糸口となる。「大学に行ってるお嬢さんの話を聴くのを楽しみにしてたんだ。その後どうしていますか」また「そのブローチどうしたの?」などと話しかける。

これが短い会話の基本的な事項である。

相手から意見を引き出せるように、その日の小さな出来事を準備しなさい。相手が自分のことを話し出すきっかけをつくろう。そのための質問も用意しよう。また、あなた自身の経験を簡単に、おもしろくさしはさみなさい。「相手も同じだけの時間」を持つようにしなさい。相手の話を引き出すための努力をしよう。

そうすれば、だれとでも、親しみを持って社交的につきあえるようになる。「短い会話」を避けてはならない。雑談をするように努めなさい。職場でも知らない人と言葉を交わすように心がけよう。PTAでも新しいグループにとけ込んでいこう。あなたがセールスパーソンなら、新しい見込み客を訪問しなさい。

さあ「出発！」だ。このテクニックを実行するのである。楽しみながら会話ができるようになる。そしてその能力に興味を持つようになり、自信もわいてくるだろう。

長い会話をする方法

長い会話は必ず短い会話から始まる。長い会話を始めるためには「ウォーミング・アップ」が必要である。二、三分間の間が必要なのだ。この時こそ、あなたの会話技術がためされる。なぜなら、会話を第二幕へ移さなければならないから。これはもっと深みを持った舞台である。「小さな話」よりもずっと身になり、満足のゆく経験となるだろう。これこそ会話の真骨頂である。

この種の会話をして、それを長い会話にもってゆくための公式は、決して複雑なものではない。「相手に考えさせよ」という簡単な方式である。

たいがいの人は、退屈をもてあそびながら時を過ごしている。さもなければ、自分のことに大部分を費やしている。どちらもよいことと思っているわけではないが、どちらにしても、決りきったことを繰り返しながら生活しているのは確かである。そして、もっと楽しいことが起こらないものかと、ひたすら待っているのだ。

三千人の人々を調査した結果、九三％の人々が将来のことを楽しみに生きていることがわかった。休暇、クリスマス、サラリーの値上げ、退職、新居、ジョニーの学校卒業などである。一日を始めるにあたっても、コーヒーブレイクとか、昼休みとか、夜のテレビ番組などを楽しみにしているのである。人間の心は単調な時間をやわらげてくれる考えに、自然に惹きつけられていく。

みんな自分のことを思いわずらっている。お金、請求書、病気、トラブル、しなければならない仕事、または自分自身についての絶え間ない心配事などについて、くよくよしている。

みんなこのような重荷からのがれるために、気分転換や娯楽を求めている。

そこへあなたが登場する。そして会話によって、その人たちの考えを変えてしまうのだ。その人たちは楽しい時間を持つだろう。きっと「またお会いしてお話をしたいですね」と言って別れるようになるだろう。

こうするには、考えることを必要とするような話題か質問を持ち出さなければならない。そういう話題には、どことなく変ったところや独特な点があるものだ。たとえばアレキサンダー・グラハム・ベルは、若い科学者たちのグループをもてなしている時、こう質問して退屈さを吹き飛ばした。「君たちのうち何人が逮捕された経験を持っていますか」

長い会話では「内面的な人間性」の問題を話し合うようにしよう。それには、哲学、論争になっているテーマ、社会問題など、広いトピックを持ち出すのである。

最近、私は「夕食会の前」パーティーに出席した。予定の時間は午後五時から六時半までだった。ところが八時半になっても、たくさんの人たちがまだ会場に残っていた。そして夕食会の予約を取り消して話し続けていた。だれかが、「成功の定義は何でしょうか。だれもが成功したがっていますが、成功とは何なのでしょう」と質問したので、そこから話がはずんでいった。現代の成功の基準、地位の象徴、物質的な所有欲、その他人間の行動の全域にわたって討論が行なわれた。思考をうながす話題であったために、みんなが楽しんだのである。

ではここに、思考をうながし会話を円滑にする話題をあげてみよう。

1　仕事で自分の持っている能力を発揮できない人が多いのはなぜか。
2　あなたが一国の首相だったら、何をするか。
3　幸福とは何か。
4　なぜ人間は変化を拒否するのか。
5　もし会社が給料を三倍に上げてくれたら、あなたの働きぶりは、今までとどう変るか。
6　ドヤ街に住んでいる人々は、好きでそこに住んでいるのだろうか。
7　私たちはどのくらいの時間、自分の事を考えて過ごしているか。
8　何でも願いごとを三つかなえてもらえるとしたら、何を願うか。
9　私たちは、どうやって良心を貫いているか。
10　人の前で話す時、なぜドキドキするのか。
11　もしすべての疑いや恐れの気持を追い払うことができたら、あなたはどう変わるだろうか。
12　うしろめたく感じるのは、普通どういう時か。
13　子供たちが学校で学ぶ知識に疑問を持った時は、どうしたらよいか。
14　人間の持っている最もいやな三つの特質というのは何か。
15　一千億円の現金が手に入ったらどう使うか。

あなたは今、どういう種類の質問がおもしろい会話を導くのかを知っているのだから、このような質問をつくる習慣をつけなさい。思考をうながす質問を用意しておこう。内容は「原子爆弾が文明に与える影響」から「歯をみがくこと」まで何でもよい。

実際に歯のことが話題にのぼったことがある。歯医者たちのグループで、その話が出たのである。ある人が、最も健康な歯ぐきと健全な歯を持っているのは、今日では、非文明国の人々だと言った。歯をみがくことを知らない人々だと言った。彼は「彼らも歯をみがいたら、歯が悪くなってしまうだろうか。そんなことはありうるのだろうか」と訊いたのだ。

相手に考えさせること　今まであげてきたことが、長い会話をするための上手な技術である。前章でもふれたが、上手な話し手は良い聴き手であり、はっきりと話すことのできる人である。――自分の内部にある考えを表面に出すことのできる人である。――そして相手の思考をうながすような話題を提供し、質問をすることができる人、ということになる。

会話をコントロールする方法

会話をコントロールできると、役に立つことが多い。会社の幹部、就職の面接係など、まず会話を導き、コントロールできなくてはならない。

「どうやって会話をコントロールしますか」。だれかに訊いてみなさい。ほとんどの人が、こう答えるだろう。「自分で話したい話題を選んで、会話をリードしていけばいいのですよ」。これは大間違いである！

ちょうどこれと反対のこと、すなわち質問をするのである。話すことで会話をコントロールすることはできない。質問をすることだけが、あなたの望む方向に会話をリードする。しかも相手にいやな気持を起こさせない唯一の方法である。

反撃質問　しかし、相手のほうが質問によって会話をリードしようとした時には、どうすればよいか。その場合でも、あなたが会話をコントロールすることは可能だろうか。それが可能なのである。こちらからも質問することで、相手の質問を受けるのだ。こういうふうにするのである。かりにあなたが就職試験を受けているとしよう。この場合は面接係が会話をリードしコントロールする。この時も、あなたは質問の形で答えればよい。面接者は「あなたの職歴は？」と訊くだろう。

あなたは職歴を説明し、そして最後にこう言う。「この仕事には、どんな職歴が要求されているのですか」

また相手は「どれくらいの給料を期待していますか」とたずねるだろう。あなたは答える。「この会社では慎重に仕事を評価されていると思います。給料はどのくらいに決まっているのですか」

質問に答えて、そしてこちらから質問をするのである。

あなたはセールスパーソンだとしよう。客は自分がしたいだけの質問を山ほど浴びせかけ、あなたに話をするスキも与えないで「さよなら」していくとしよう。

それなら、こうしてみなさい。客が条件などを訊いたら、それに答え、そして「この条件で満足でしょうか」と質問する。また価格をたずねられたら、「どれくらいの数量を注文なさっているのですか」と訊き返すのである。

質問に対して事実をもって答えたら、必ずその事実に対する客の意見を訊きなさい。相手は同意しているか、反対か、相手が思っていたとおりか、客の必要にあっているか。

会話をコントロールすることを練習しなさい。熟達すると会話技術だけでなく、説得力にまで自信が持てるようになる。

話題を変える時　一つの話題をダラダラと話して、みんなを飽き飽きさせる人がいる。会話の目的から離れても平気で話し続ける人もいる。こういう人がいると話をコントロールすることがむずかしく思われる。

あなたが主人役のパーティーで、だれかがおばさんの胆石手術の話を長々として、会話を独占することがある。あるいは時間が限られている時に、だれかが全く関係のない話をして、大切な仕事の話ができない場合もあるだろう。

こういう時に、話している人の気持を傷つけないで話題を変えるには、どうしたらいいだろう。

やはりその方法も簡単なのである。新しい話題を提供し、その人に最初にその話題について話させるのである。それから他の人たちを話に巻き込んでいけばよい。

こういうふうにしてみなさい。話し好きの友人が、息をつくためにちょっと休んだ時、「話題を変えて悪いんだが、こういうことについて、君の意見が聴きたいんだ」と言って、新しい話題を紹介するのである。

このとき相手はどんな印象を受けるだろうか。自分の長い長い意見を聴いて、たいへん感銘をうけたために、新しい話題についても、自分の意見を聴きたいのだ、と思うだろう。相手は大いに喜び、鼻が高いだろう。そしてあなたは、話題を変えることができたのである。

ためしてみなさい

さてこれで、相手の心をつかみ、生き生きとした話し手になるための知識と技術を、すべて学んだわけである。

では、これを実行しなさい。最も親しい友人や家族を相手にためしてみなさい。

あなたの家庭内には、考えられないほどの楽しみと喜びが、埋もれたままになっている。ところが、あなた方はほかの九九％の家族と同じように、家族同士もうわかってしまったつもりでいる。妻や夫、子供たちについて、何でも知っていると思っている。だから、新しい考え、意見、話題を持ち出そうとしないのだ。子供たちは親に飽き飽きし、親たちもお互いにそう思っている。

ラ・ロシュフコーは「われわれは自分が飽き飽きさせている相手から、だいたいいつも飽き飽きさせられている」と書いている。一緒にいる時間の多い相手の心をつかむ話し手になりなさい。それは自分自身への挑戦である。

練習に最も適しているのは、食事の時である。家庭内の問題を蒸し返してはいけない。子供たちが少しぐらい行儀が悪くしていても、かまわないではないか。私は何回も晩さん会や夕食会に行ったが、マッシュポテトを手で食べる人は、まだ見たことがない。しかし胃かいようのために、赤ん坊用の食物を食べている人はたくさん見かけている。おいしいごちそうも食べられないし、会話も楽しめないのである。食事の時間を、家族との楽しい会話のひとときにしなさい。

家族や親しい友人と一緒に、楽しい会話をする習慣をつくりなさい。すぐ努力をし始めなさい。思いもかけなかった隠れた希望や野心、そしてさまざまの知識についての新しい視野が開けるだろう。これはあなたの会話力がなければ、決して発見できなかったものである。

さてここで、四章にわたってお話ししてきた術の中で、最も重要な点を、ざっと振り返ってみよう。

1 上手な話し手の唯一の目的は、相手に楽しみと利益を与えることである。

2 良い聴き手にならねばならない。良い聴き手とは、

a 聴くにふさわしい姿勢をとること。

b 真剣に興味を持つこと。

c 熱心に聴いていることを相手に知ってもらうこと。

d 自分のわかっている点を確かめていくこと。

e 復習すること。

3 上手に話さなくてはならない。上手な話し手は、

a はっきりやさしく話すこと。

b 言葉の使い方を知っていること。

c ジェスチャーを使うこと。

4 話す時には、次のようにすれば、他人に対しておもしろくなる。

a　自分をさらけ出すこと。
b　自分が関心のあることについて話すこと。
c　実例や逸話を使うこと
d　出だしの言葉で相手の心をつかむこと。
e　ユーモアを恐れないこと。
f　いつも準備しておくこと。

5　短い会話をする時は、
a　個人的なものにしないこと。
b　質問、砕氷船、リクエストなどを使って相手に自分のことを話させ、相手の意見を訊くこと。

6　長い会話をする時は、相手の思考をうながすこと。

7　会話をコントロールするには、質問をすること。

グループ・ディスカッションのための質問

○あなたは話す時間と聴く時間の配分のバランスに心配りをしていますか。どのようにしてそうしていますか。

○あなたの話をもっと続けて聴きたいと思っていない場合は、全体の時間を人数で割った分があなたの話してよい時だというルールがあります。あなたの会話は今までこのルールに従っていましたか、それとも違いましたか。それはなぜですか。

○今までパーティや会合の挨拶などで、短い話にする工夫をしたことがありますか。その話はどんな中身になりましたか。

○あなたは誰かが話しそうなサインを送っている時は自分の話をやめられますか。そしてすぐ相手に話す機会を与えていますか。

○会話をコントロールするコツは相手に質問することと言われています。しかし、相手の方が質問によって会話をリードしようとした時にはどうすればよいでしょうか。

○一つの話題をダラダラと話して、みんなを飽き飽きさせる人がいる時に、話している人の気持ちを傷つけないで話題を変えるにはどのようにしたらよいでしょうか。

20 人を惹《ひ》きつける人間力を持つ人々

完全な人間はいるだろうか

人生では英雄や偶像に出合うことがある。私たちは幼いころから、自分があこがれる人の行動をまねしはじめる。そのようにして自分のパーソナリティ、「人間性」をつくってゆく。それは自分の考えにのっとって、自分のあこがれる人の人間性にそって形づくられる。そしてこのパターンは、習慣によって妨げられるまで続く。

そこで、人々に人間性の特質を説くにあたって、私も英雄や偶像を必要とした。すなわち、傑出した人物として知られている人々を必要としたのである。

すべての分野のあらゆる人々の特性や彼らの持っている特技を、詳しく調べてみた。実業家や政治家から、映画スターに至るまでの成功した人たちである。歴史上の人々や有名な人々のこと（ジョージ・ワシントンのストイシズムから、ウィル・ロジャーズの素朴なユーモアに至るまで）も調べた。

そして、やっと完全な人物に出会ったと思ったとたんに、きっと欠点や好ましくない傾向が目についてしまう。もう一度調べ直し、そのたびに人々が見習うにたる典型的な人物として、その人物を推薦することはできないと考えた。
しかし精神的な指導者たち――ガンジー、ルター、シャカ、孔子や孟子など――を調べている時、私は完全に近い人物を発見することができた。

その資格

私の選んだ人は、普通すぐれた人物が持つと思われている特性は少ししか持っていなかった。すなわち、彼は貧しい生まれで、両親は労働者であった。

正式な教育はほとんど受けていないが、自己改造に専念し、人間の本質への深い洞察力を持った人であった。

彼は本を書いたことも、音楽をつくったこともなかった。

彼はまた、家から一五〇マイル以上離れたこともなかったのである。

彼が仕事に費やした年月は、たった三十六ヵ月であった。

彼は物質的なものを決して所有しようとしなかった。

また公職についたことも、軍隊を指揮したことも、既成の組織に加わったこともなかった。

彼の職業は大工であった。

それなのに、この身分の低い指導者は、文明に大きな影響を与えたのである。それは歴史上のどんな国、どんな国王、どんな軍隊が与えた影響よりも大きかったのではなかろうか。

その名はキリストである。

しかし、東洋にはまた別の精神的なリーダーがいる。シャカや孔子、孟子がいるではないか。

シャカは二九歳で出家して、一人で七年ほど断食を始めとする苦行をする。そして、ブッダガヤーの菩提樹の下で瞑想して、悟りを開き仏（ブッダ）となった。八〇歳でこの世を去るまで仏の道、慈悲のなかに無限の愛を説いた。紀元前四世紀の前半頃の話である。

孔子は父を早く失い、青少年期までは恵まれない境遇にあった。「十有五にして学に志す」（論語）とみずから言うように少年期を終える頃、学問に目覚める。四十歳頃になって、当時古典の伝承が失われつつある混乱した社会秩序を再生するため、それまで研究してきた古典教養とリーダーの人生哲学を人に伝え始めた。

彼の考え方は、必ずしも当時のリーダーに受け入れられたわけではなく、五十六歳の時には祖国を去らねばならなくなった。弟子たちと共に亡命生活を送り、苦難の旅を続けた。しかし、紀元前四七九年、七十余歳で生涯を閉じるまで人々を勇気づけ、人づくりに励んだ。

その孔子の考え方は、孔子の孫の子思の門人となった孟子によって引きつがれていく。孟子は孔子の仁の思想を基礎に、それを論理化していった。彼は志と気のダイナミズム、すなわちこの二つの動的な関係を探求する。

志が気の力を高めると同時にそれを正しい方向に導く師（指導者）の役目を果たすという「志は気の

師なり」という言葉を残す。人間は本来生まれながら善であるという性善説を説いたのは紀元前三百年頃で、八十余年の生涯を閉じる。彼らの人生哲学や思想は今でも東洋・西洋を問わず、人々を勇気づけている。

研究の始まり

何年も前に、この重大な事実に気づいてから、私は彼らの人格を心に描いてきた。それはガリラヤの海辺やガンジス川中流から現代の社会へ彼を呼びもどすことだった。

すべては一枚の小さな黄色い紙切れから始まった。今でもこの紙切れは、私の手もとにあるが、それには次のようなメモが記されている。

彼らの人格とは、どんなものであったか。

――人々を惹きつけ、人々をあるがままの姿で受け入れた。

――人々を勇気づけ、それぞれの価値を感じさせた。

――人々を助けた。

――物語やたとえ話を話した。

――決して争わなかった。また非難されても逆らわなかった。

――人々に何か……希望や安心など……を与えた。

私の研究は、この紙切れから出発し、そして何年も続いた。この本はその結果書かれたものである。

すべてのメモと観察と比較の成果なのである。精神的なものを現実の生活に置き換えたものである。

その人の人間性について

以上にあげた人々に共通する特性は何であろうか。それは熱意である。

みなさん、これでなぜ、この本が熱意という特性から始まったかおわかりと思う。熱意こそ、あなたを偉大にするのである。

熱意、エンスージアズムという言葉は「天から与えられた啓示」というギリシャ語に語源を持つ。

そこから続いて

ここまでの章を振り返ってみれば、そこには、私が心に描いたこの偉大な指導者たちの人間性が織り込まれているのに気づかれるであろう。最後の会話に関する部分でさえ、彼らの影響が大きい。自分をありのままにさらけ出したこと、たとえ話をしたこと、言葉を永遠に残したことが、これらの章に反映している。

旅の終り

ここで私たちの旅も終ろうとしている。こんなに長い間一緒にいてくれて「ありがとう」と言いたい。そして、次のことを言わせて欲しい。私にとって、あなたは非常にすばらしい人であった。なぜなら、あなたの好奇心と興味がなかったら、この本は書かれなかったのだ。私の友人になり、そしてこの本を読んでくださったことを感謝します。

天があなたに味方し、いつまでもあなたとともにあるように！

グループ・ディスカッションのための質問

○あなたが見習いたいと思っている人物は誰ですか。なぜその人を見習いたいと思っているのですか。その人の人間性の特長にはどんな点がありますか。

○あなたはどんな人になりたいと思いますか。あなたのなりたい理想的な姿やイメージを次の空欄に書き出してください。それはなぜですか。

あなたのなりたい理想的な姿やイメージ

訳者あとがき――人間力の源泉

本書はボブ（ロバート）・コンクリンの"The Power of a Magnetic Personality"の邦訳である。

この本が、私にとって最初の翻訳の仕事だったが、今からほぼ三十年前の一九七二年のこと。これをきっかけにボブ・コンクリンと知り合い、日本にＡＩＡを導入することになる。ＡＩＡとはAdventures In Attitudesの略で日本では「心の冒険」とか「心のアドベンチャー」と呼ばれている。

ＡＩＡでは心の持ち方、すなわち心構えを積極的に変革することにより内発的なやる気を起こし、人生をより良く生き抜く人間力を維持する方法を身につける。

この心構え、Attitudesが一人ひとりのパーソナリティを形成する土台であり、この基礎無くしていかにスキルや技術、専門知識を身につけても、人は人生を強く生き抜く人間力を発揮できないのである。

今は企業も人も目先の利益やスキルにとらわれて、心の不況、マインドの低下に悩まされている。ようやく、こうした心構えの基礎作りから、人々のやる気を啓発することの必要性が明らかになってきている。

さて、この心構えによって支えられるパーソナリティという言葉の訳について簡単に説明したい。

パーソナリティを心理学では通常、人格と訳している。また個性と言ったりする人もいる。Personality はラテン語のペルソナ(Persona)に由来する。始めはギリシア劇に使われていた演劇用の仮面で、人が人生で演じる役割からさらに人の内的な性質を表すようになったとも言われている。

人格といった場合は、仮面に由来する目に見える表面的な特徴を指している。しかし一方、そこにはある倫理的な価値を持った人（たとえば人格者）という意味が含まれている。

私はパーソナリティには仮面的な側面は確かにあるが、演ずる仮面以上に長年自然に習慣づけられて、その人にぴったりついているという意味で、人柄とか人間性という言葉を好んで使っている。

ここでは「人間力」を発揮する人間の特性としての理論武装をするので、その主体を「人間性」と表現した。そして、その人間性はみずからの意志によってより良く魅力的にすることが可能なのである。

この本の著者、ボブ・コンクリンは平成十年（一九九八）七月二十六日に七十七歳で亡くなったが、この本は『人間の魅力』というタイトルで今まで二十万部普及し、この三十年間の日本の成長と沈滞を静かに耐え、ロングセラーの一つとして生き抜いてきた。

心の不況を迎えて、日本再生の人間力を発揮しなければならない時に、私はこのテキストが多くの人々に勇気を起こすヒントになることを期待する。なお、今回は、この本が「AIA・心の冒険」のサブ・テキストとしても活用できるようグループ・ディスカッション用の質問を追加した。

最後にこの改訂の機会を与えていただいた創元社の編集部長猪口教行氏と、すでに亡き創元社の元社長矢部文治様に心から感謝します。

平成十五年四月十二日

グループダイナミックス研究所

柳平　彬

研修プログラムのご案内

著者の考えに興味を持たれた方に、著者が開発し生涯を通じて普及に努めた啓発プログラムをご紹介します。

●AIA＝心の冒険（Adventure In Attitudes）

考え方を新たにすれば、心構えが変わる。心構えが変われば、習慣が変わる。習慣が変われば、行動が変わる。行動が変われば、人間性が変わる。人間性が変われば、運命が拓ける。ＡＩＡは私たちがなぜ生きるのかを問い、自発的に志や人生の目標を明確にするやる気啓発プログラムです。研修中、参加者にもたらされる気づきや発見は一人ひとりちがいます。しかし、共通して言えることは、未来に対する期待と前向きに生きるための夢や目標、志を発見します。そして勇気と忍耐力と創造力を生かし、より一歩前進しようという気持ちになることです。

ＡＩＡ日本語版は、グループダイナミックス研究所が開発し、一九七七年に完成以来、企業の経営者や管理者、ビジネスマン、自営業、公務員、主婦、学校教職者、学生などが参加し、平成十四年五月までに四十万人以上が参加しています。

●プロへの道（AIAと同じ方法による営業担当者研修プログラム）

プロへの道は、プロの営業マインドと技術を身につけるため、営業の基礎を楽しく体系的に学ぶことができます。ケーススタディー、ロールプレイング、グループ・ディスカッションなどを通して、自分で気づき、仲間と勇気づけあいながら真のプロ営業に成長する相互啓発システムです。一人ひとりのお客様のニーズとウォンツの理解ができる感性を磨くとともに、積極的な心構え、目標設定と自己成長する意欲を高めます。自分の心が知らず知らずのうちにどのくらい本来のプロ営業マインドからはずれているかがわかり、改善点が明確になります。営業の仕事にプライドを持つようになります。

「AIA」「プロへの道」について詳しくお知りになりたい方は、次にご連絡ください。

グループダイナミックス研究所（〒一五三-〇〇六二　東京都目黒区三田二—一〇—二五）
（目黒）〇三—三七九一—七二七〇　（川崎）〇四四—五四一—二四五五　（大阪）〇六—六三九〇—八〇〇二

●本書は一九七三年に創元社から刊行した『人間の魅力—新しい自己を創る』を全面組替えし改題したものです。

著者

Bob Conklin（ボブ・コンクリン）
米国ミネアポリスの成人教室で三〇年近くにわたって意欲変革プログラム・Adventures In Attitudes（AIA）を開発した主宰者。その後プロへの道（Grow As A Pro）、人生パワーアップセミナー（Life POWER）などの相互啓発プログラムの開発・実施に貢献。AIAの参加者は世界で400万人を超える。1998年7月26日没、77歳。
＜著書＞The Dynamics of Successful Attitudes、Ego-bionics、The Power of Magnetic Personality、How To Get People To Do Things、Think Yourself to the Riches of Life、Think Positiveなど。

訳者

柳平 彬（やなぎだいら　さかん）
1940年生れ。AIA・心の冒険、プロへの道、ライフパワーなどボブ・コンクリンのやる気啓発プログラムや、心理学者で家族カウンセラー、ドン・ディンクメイヤー博士のSTEP（Systematic Training for Effective Parenting）・子どものやる気を引き出す親のための勇気づけセミナーを日本に紹介。長野県蓼科に経営者のための健康道場（JOMON U・TRA／たてしなエグゼクティブクラブ）を作り、価値の伝承のためのAIAトップセミナーを開く。また生活習慣病予防や無為止観（断食中心）プログラムなど心身の健康増進を図る場を提供。目下、企業家精神養成プログラム（Telling）と営業力強化プログラム（TOS・Training Of Salesmanship）および志のある人財の育成に力を入れる。
＜著・訳書＞テキストブック・オブ・セールスマンシップ、企業家精神、説得力の神髄、感情はコントロールできる、やる気の健康学、志とは何か—志学のすすめ、など。
なおAIAなどの情報についてはグループダイナミックス研究所のホームページ（http://www.gdi-attitudes.co.jp/）をご参照ください。

人を惹きつける人間力

二〇〇三年五月二〇日　第一版第一刷発行

訳者　柳《やなぎ》平《だいら》彬《さかん》

発行者　矢部敬一

印刷所　寿印刷株式会社

〒541-0047　大阪市中央区淡路町四―三―六

発行所　創元社

http://www.sogensha.co.jp/

電話　〇六―六二三一―九〇一〇

FAX　〇六―六二三三―三一一一

東京支店　東京都新宿区神楽坂四―三　煉瓦塔ビル

電話　〇三―三二六九―一〇五一

乱丁・落丁等の場合はおとりかえいたします。(検印省略)

ISBN 4-422-10050-5